공부하는
혁명가

**MARX AND ENGELS: A Biographical Introduction**
(Che Guevara Publishing Project)
**by Ernesto Che Guevara**

Copyritght ⓒ 2008 Che Guevara Studies Center and Aleida March
Copyritght ⓒ 2008 Ocean Press
All rights reserved.
Korean edition copyritght ⓒ Maybooks

이책의 한국어 판 저작권은 대니홍 에이전시를 통한 저작권사와의 독점 계약으로
도서출판 오월의봄에 있습니다.
저작권법에 의해 한국내에서 보호를 받는 저작물이므로 무단전재와 복제를 금합니다.

체 게바라가 쓴 맑스와 엥겔스
체 게바라 지음. 한형식 옮김

# CHE
# 공부하는
# 혁명가

# Marx

# Engels

오월의봄

일러두기

1. 이 책은 Ernesto Che Guevara, *MARX & ENGELS. A biographical introduction* (Ocean Press, 2008)을 우리말로 옮긴 것이다.
2. 체 게바라가 직접 붙인 각주는 ☠로 표시했고, 원서 편집자가 붙인 각주는 ★로 표시했다. 옮긴이 주는 본문에 번호로 표시했으며, 미주로 정리해놓았다.
3. 원서에 이탤릭체로 표시한 강조 부분은 이 책에서 굵은 글씨로 표시했다.

**차례**

| | | |
|---|---|---|
| 편집자의 말 | 체 게바라, 맑스에게서 답을 찾다 | 010 |
| | 비범한 두 인물의 역사적인 만남 | 024 |
| | 지칠 줄 모르는 힘찬 인간성 | 036 |
| | 혁명의 물결 | 049 |
| | 고달픈 삶, 《자본》을 쓰다 | 061 |
| | 제1인터내셔널과 파리코뮌 | 073 |
| | 거대한 정신의 죽음 | 082 |
| | 엥겔스, 최초의 맑스주의자 | 093 |
| | 체 게바라가 읽은 맑스, 엥겔스 저작 목록 | 100 |
| | 맑스와 엥겔스 연표 | 109 |
| | 체 게바라 연표 | 112 |
| | 옮긴이 주 | 117 |
| 해제 | 진짜 체는 누구인가 | 134 |

"체 게바라는 적대적이고
가혹한 환경에서 자신의 여정을
추구하면서 다시 한 번 공부와 사색을
시작했고 맑스의 여러 저작들을 읽었다.
그는 혁명적 힘의 길, 위험, 그리고
잠재력을 이해하기 위해 맑스의 저작을
읽어나갔다."

**편집자의 말**

# 체 게바라, 맑스에게서 답을 찾다

## 한 혁명가의 맑스, 엥겔스 읽기

> 이제 성聖 칼은 가장 중요한 존재이며 중심축입니다. 내가 지구상에 머무르는 그 모든 세월 동안도 그러할 것입니다.*

1956년 10월 청년 에르네스토 게바라 드 라 세르나Ernesto Guevara de la Serna는 멕시코에서 자신의 어머니에게 보내는 편지에서 칼 맑스에 대해 이렇게 말했다. 그 당시 그는 자신의 인생에서 중요한 성장 과정이 되었던 시기를 되돌아보며 앞으

---

\* Ernesto Guevara Lynch, *Aqui va un soldado de América*, (Spain: Editorial Plaza y Janés, 2000), 138쪽에서 인용.

로는 자신을 둘러싼 환경을 탐험하게 될 것이라는 강렬한 지적 소명을 예감하고 있었다. 그동안 그의 지식은 실제 삶의 복잡성과 모순들을 접하면서 풍부해졌고 그 덕분에 이론의 한계를 넘어설 수 있었다. 체는 이론과 실천을 서로 연결시킨 결과 비범한 혁명적 충동과 아직은 확실치 않았지만 어떤 사명을 가지게 되었다.

체 자신의 회상에 따르면 청년 시절 자신의 문제에 대한 해답을 맑스주의에서 찾게 되면서 칼 맑스라는 인물에 대한 관심도 늘 함께했다고 한다. 이 점에서 왜 체 게바라가 자신의 지적이고 혁명적인 발전의 절정에서 맑스에게로 돌아가 대답의 방향을 찾았는지 잘 알 수 있다. 사회주의 그리고 사회주의로의 지난한 이행의 과정은 인간 자체를 변화시키는 근본적 문제다. 이 문제에 대한 대답들 중 어떤 것은 논쟁적이고 어떤 것은 단정적이며 또 다른 어떤 것은 '그저' 의심일 뿐이다. 그리고 이 근본 문제는 체 게바라가 처음 일반적인 인간주의 철학을 공부하기 시작했을 때부터 결국 그 진정한 핵심을 맑스주의에서 발견했을 때까지 그의 실존적인 탐구 과제였다.

## 체 게바라의 미발표 원고

체가 "전기적 종합"이라고 불렀던, 맑스와 엥겔스에 관한 이 미출판 원고는 체가 내려고 준비하던 정치경제학에 관한 책의 초고였다. 이 원고는 사회주의로의 이행 과정과 그 과정에서 잘못된 해석을 실천에 옮길 때 야기되는 끔찍한 결과에 대해 어디서부터 어떻게 분석을 시작해야 하는지에 관한 일종의 경고 역할을 한다. (체 게바라가 이 책을 쓴 해가 1965년이었고, 1966년에 볼리비아로 가 반독재 혁명군에 가담했다. 그리고 1967년에 사망한다.)

이 책은 전반적으로 이론과 실천의 종합을 강조한다. 이 종합은 혁명적 실천의 잠재력뿐만 아니라 조직이 필요하고 그 조직은 특정한 사건들을 규정하는 주관적이고 객관적인 요인들을 이해하기 위해 특정한 경험들에 의지해서 이론을 반성하는 것이 필요하다는 것의 표현이었다.

체는 정치경제학의 주요 명제들과 과거에서 미래까지의 모든 논쟁을 다루는 책을 쓰는 것이 큰 도전이라는 것을 알았기 때문에 이렇게 경고했다.

맑스가 《자본》의 처음 몇 페이지에서 부르주아 과학이 스스로를 비판할 능력이 없음을 변증론을 사용하여 기술한 부분은 불행히도 오늘날 맑스 경제학 자신에게도 적용될 수 있다.*

따라서 체가 맑스와 엥겔스의 관점에서 논점에 접근했던 것은 결코 우연이 아니었다. 엥겔스는 사회주의 이론의 공동 창시자일 뿐 아니라 '최초의 맑스주의자'로서 맑스의 사후에도 그의 사상을 계속 이어갔다. 그들의 엄청난 양의 공동 연구 결과물에 의해 만들어진 혁명적 사고 그리고 기계적으로 적용되는 이상적인 모델이 아니라 끊임없이 성장하고 도전받고 변형되는 사상인 맑스주의의 중요성을 통해, 체는 사회적 현실과 사회의 변혁을 위한 투쟁을 이해하고 경험에 대해 열려 있는 이론적 틀을 발전시킬 수 있었다.

---

\* Ernesto Che Guevara, *Apuntes criticos a la Economia Politica*, (Ocean Sur, 2006), 32쪽.

## 맑스주의를 몸으로 받아들이다

그는 콩고에서 국제적인 임무를 마친 1965년 혹은 1966년에 탄자니아와 프라하에서 정치경제학에 관한 연구를 시작했다. 그는 이와는 별도로 똑같이 중요하게 생각한 철학에 관한 연구에도 착수했는데 이것 역시도 그의 정치적 발전 과정과 경험을 반영한 것이었다.

체는 어린 시절부터 열망해온 변혁운동의 필요성을 절감하면서 스스로 "나의 좌절된 시도에 대한 증언"이라고 불렀던 것을 중단하고 라틴아메리카 현실에 몰두하기로 결심했다. 그리고 그가 부모에게 쓴 작별 편지에서 자신의 맑스주의는 "뿌리 깊은 것이고 정화된 것"이라고 설명하는 것에서도 알 수 있듯이 이렇게 결정적인 순간 그는 지적인 훈련을 해야 할 필요를 느꼈다.

명시적으로 말하지는 않았지만 체는 분명히 맑스의 삶과 자신의 삶에서 어떤 측면들, 예를 들면 그가 내려야 했던 어려운 결정들 사이에서 영감과 유사성을 발견했다. 예를 들어 체는 이렇게 썼다.

우리는 맑스가 언제나 훌륭한 인간이었다는 것을 잊어서는 안 된다. 그는 그의 아내와 아이들을 매우 사랑했지만 그의 필생의 작업이 가족들에 우선한다고 느꼈다. 그가 사랑하는 두 가지 대상, 가족과 프롤레타리아트에 대한 헌신이 공존하기 힘들며 서로를 배척한다는 사실은 모범적인 남편이자 아버지에게는 고통스러운 일이었다. 그는 그 둘이 양립하도록 애썼고 둘 다에 대한 의무를 이행했다. 그러나 그의 사적인 편지에는 그의 가족이 처해 있었던 빈곤하고 때로는 비참한 상황 때문에 일어난 의구심이 드러나 있다.

## 인간을 변화의 주체로 만드는 철학

이것은 체가 소위 사회주의 체제 내에서뿐만 아니라 세계 모든 좌파 지식인들 사이에서 제기된 맑스주의에 대한 논쟁, 즉 1960년대 세계를 뒤흔든 논쟁을 무시하려 하지도 않았고 무시할 수도 없었음을 보여준다.

어느 각주에서 체는 맑스의 초기 저작과 후기 저작 사이에 근본적인 "인식론적 단절"이 있다고 주장한 프랑스 철학자 루이 알튀세르를 비판했다. "1845년까지 맑스는 정치적 공산주의자이자 낭만적 철학자였다. 그 이후부터 맑스의 정치사상은 그가 성숙기에 도달한 과학적 유물론자의 호기심과 결합되었다."[1]

그와는 대조적으로 게바라식의 변증법은 맑스주의 철학이 인간을 변화의 진정한 주체로 만드는 변모 과정을 이해하는 데 결정적인 규칙들을 가지고 있다고 생각했다. 주체와 물질적 세계 사이의 상호관계가 맑스주의의 근본적인 문제의식이고, 주체와 물질적 세계 각각이 해야 하는 역할을 이해하는 것이 맑스주의와 다른 사상의 조류를 구별 짓게 하는 차별점이라는 것이 체의 주장이었다.

그래서 체는 맑스주의 발전 과정에서 정치적 박해로 맑스가 (영국으로) 망명을 한 1849년을 중요하게 보았다. 체는 1849년 맑스가 자기 사상을 재평가하며 앞으로 출판될 많은 혁명이론의 고전적 저작들을 연구하고 준비했던 때라고 생각했다.

### 체의 독특한 맑스 읽기

체는 맑스 저작 각각의 이론적 가치를 평가하면서 자신만의 견해를 밝혔다. 체는 쿠바혁명 과정의 경험에 근거하여 맑스주의를 일반화하거나 불변의 진리로 받아들이는 입장에 반대했다. 그러나 동시에 맑스주의의 보편적 적용을 특히 제3세계 혁명의 관점에서 끊임없이 추구하기도 했다.

그가 정식화한 중요 명제들 중 하나는 쿠바에서 진행된 급진적 변화의 경험에서 나온 것이었고 어떻게 이 경험이 식민주의로부터 해방된 다른 저개발국가들에게도 적용될 수 있는지 말했다. 이론에 대한 놀라운 이해와 실천적 경험 때문에 체는 독특한 관점에서 맑스에 접근했고 맑스의 위대함을 분명하게 파악할 수 있었다. 또한 맑스처럼 생각하고 맑스주의의 기계적 반복을 피할 수 있었다.

체는 맑스의 엄격함을 언급하면서 "그의 유별나게 꼼꼼한 정신은 맑스가 어떤 주제 하나도 난공불락의 논리 위에 근거하지 않고서 논의하는 것은 꿈도 꾸지 못하게 했다"고 썼다.

체는 이 모범적인 사람에게서 배웠지만 단순한 소개를 넘어서는 방식으로 그의 뒤를 따랐다. 적대적이고 가혹한 환경에서 자신의 여정을 추구하면서—체가 1950년대에는 여행자의 눈으로 처음 보았지만 이제 오랜 투쟁의 과정이라는 관점에서 본 볼리비아에서—그는 다시 한 번 공부와 사색을 시작했고 [맑스의] 여러 저작들을 읽었다. 이를 통해 그는 맑스주의의 기원으로 다시 나아갔다. 이런 사실을 보면 우리는 체가 맑스 저작의 기념비적 성격을—그것의 불완전함에도—이해하기 위해 그리고 또한 어떤 공식이나 지침 없이도 발전해나갈 수단들을 발견하는 혁명적 힘의 길, 위험, 그리고 잠재력을 이해하기 위해 맑스의 저작을 읽을 필요를 느꼈다고 생각된다.

## 체가 쓴 맑스 저작의 입문서

이 책은 오늘날의 동요하고 비극적인 세계를 사는 젊은이들이 그렇게 많은 티셔츠들을 장식하고 있는 사진 속 그 사람을 진정으로 이해하는 데 도움이 될 것이다.

맑스에 대해 체가 언급한 많은 것들은 전기 작가와 그가 다루는 인물 사이의 관계를 보여주면서도 동시에 체 자신에 대해서도 보여줄 것이다. 예를 들어 그는 이렇게 관찰했다.

> 그의 사랑할 수 있는 능력은 전 세계의 고통 받는 모든 이들에게 미쳤다. 헌신적인 투쟁과 불굴의 낙관적 메시지를 제공해준 그렇게 인간적인 사람이 역사에 의해 왜곡되었고 돌로 된 우상으로 변질되었다.
> 그의 모범이 더욱 빛나기 위해서는 우리가 그를 구해내어서 그에게 인간의 차원을 부여해야 한다. 맑스주의는 여전히 메링의 위대한 전기를 완성시킬, 즉 더 훌륭한 관점에서 몇몇 해석의 오류를 교정할 전기를 기다리고 있다. 나의 개요는 맑스의 저작에 대한 입문일 뿐이며, 맑스주의 경제학에 익숙하지 않은 이들 그리고 맑스주의의 설립자들의 인생의 부침을 알지 못하는 이들을 위한 것이다.

칼 맑스(1818~1883)

프리드리히 엥겔스(1820~1895)

비범한 두 인물의 역사적인 만남

칼 맑스와 프리드리히 엥겔스는 지리적으로나 시대적으로 매우 가깝게 태어났다. 맑스는 1818년 5월 5일 트리어Trier에서 출생했고 엥겔스는 1820년 11월 28일에 브레멘Bremen에서 태어났는데 두 도시 모두 독일 영토인 라인란트Rhineland 지역에 위치했다. 그러나 두 사람은 완전히 다른 환경에서 살았으며 초년기에는 서로 알지 못했다.

칼 맑스는 기독교로 개종한 유대인 법률가의 아들로 태어났지만 가족 전체가 유대교 신앙의 전통에 물들어 있었다. 그는 가난을 겪지는 않았지만 인종적 편견의 아픔은 경험했을 것으로 보인다. 그는 본Bonn에서 법학을 공부하다 후에 베를린으로 옮겼는데 그곳에서 그의 철학적 탐구가 시작되었다. 그는 1841년 예나에서 데모크리투스와 에피쿠로스에 관한 논문[2]으로 철학박사 학위를 받았다.

프리드리히 엥겔스는 대학을 졸업하는 대신 부친의 사업에 뛰어들었다. 하지만 그는 군복무를 마친 후 베를린에서 철학 강좌를 수강하기도 했다. 엥겔스의 주된 걱정은 친구인 맑스를 부양하는 것이었기 때문에, 그는 평생 경제적인 면에서 부담을 갖고 있었다. 맑스는 항상 궁핍했지만 오직 과학적 연구와 노동계급의 조직화에만 전념했다.

맑스의 아버지는 진보적인 기질을 가지고 있었으며 아들의 관심사를 이해해주었던 반면 엥겔스의 가족과 특히 그의 아버지는 아들의 모험 정신을 크게 염려했다. 엥겔스는 무척 어렸을 때부터도 모든 독단적 교리에 반발하곤 했다.

맑스와 엥겔스가 택한 첫 번째 무기는 시를 쓰는 문학적인 작업이었지만 평론가들은 그 시들을 그다지 의미 있게 평가하지는 않았다. 젊은 시절의 이런 호기는 곧 끝을 맺었고, 이후 두 청년은 헤겔 철학에 이끌렸으며 청년헤겔학파에 참여하게 되었다.

두 사람 모두 포이어바흐에 매혹되었고 각자 별개로 그의 사상을 연구했다. 이 비범한 두 인물은 독특하면서도 역사적인 동반자 관계를 맺으면서 포이어바흐의 사상을 변증법적 유물론으로 발전시켰다. 그들의 동반자 관계는 대단히 충실

"두 사람 모두 포이어바흐에
매혹되었고 각자 별개로
그의 사상을 연구했다.
이 비범한 두 인물은 독특하면서도
역사적인 동반자 관계를 맺으면서
포이어바흐의 사상을 변증법적
유물론으로 발전시켰다.
그들의 동반자 관계는 대단히
충실하고 완벽한 우정이었다."

칼 맑스, 1839년

프리드리히 엥겔스, 1841년

하고 완벽한 우정이었다.

그들이 만나기 전까지의 삶에 대해서는 말할 만한 것이 거의 없다. 한 사람 정도만이 언급할 만한데 그 인물은 바로 맑스의 인생에서 큰 역할을 하게 될 예니 폰 베스트팔렌Jenny Von Westphalen이다. 그녀는 독일 하급귀족의 딸이었으며 맑스의 삶에서 다른 한 축을 이루었다. 지적인 측면에서 그녀는 남편에 대한 맹목적인 추종자였지만 남편의 원고를 필사하는 역할 이상을 했다고 보기는 어렵다. 그녀는 그저 주부일 뿐이었다. 그녀의 뛰어난 점은 남편의 천재성을 알아보고 그 천재성을 저술로 발전시켜야 한다는 점을 인지했다는 것이다. 이는 다시 말해서 그녀가 속한 계층의 여성이 가지는 가장 익숙한 꿈들을 희생했다는 것을 의미한다.

그녀는 파티에서의 놀이와 여가생활과 경제적 안락함, 그리고 자신의 사회적 지위가 갖는 안정성에 익숙한 사람이었다. 이런 점에서 그녀는 완고하고 비타협적인 혁명가인 맑스와 자신을 굳게 결합시킴으로써 그 모든 것들을 잃었다고 할 수 있다. 그들은 오랜 세월 동안 가난을 겪었고 그것이 직간접적인 이유가 되어 자녀들 중 몇을 잃었다. 그들은 모범적인 결혼생활을 했다. 그들의 막내딸인 엘레노어는 늙고 병든 맑

1860년 엥겔스가 맑스와 맑스의 세 딸과 함께 찍은 사진.
앞에 앉은 이들이 맑스의 딸 예니, 엘레노어, 라우라이다.

스가 악성종양으로 고통 받으며 죽어가는 아내를 떠나보내는 과정을 기술하면서 이들 부부 간의 확고한 유대감을 이렇게 증언했다.

> 어머니는 앞쪽의 커다란 방에 누워 있었고 무어인[3]은 그 옆에 있는 작은 방에 누워 있었다. 두 사람은 서로에게 너무도 익숙해져 있었고 그들의 삶은 완벽하게 하나로 얽혀 있었지만 더 이상 한 방에서 같이 머무를 수 없었다. (……) 무어인은 다시 한 번 병에서 회복했다. 그가 혼자 일어나서 어머니의 방으로 갈 만큼 기운을 차렸던 그날 아침을 나는 잊을 수가 없다. 그들은 마치 다시 젊어진 것 같았다. 함께 영원한 이별을 향해 가고 있는 병마에 지친 노인과 죽어가는 노파가 아닌, 막 함께 인생을 시작하는 사랑스러운 소녀와 정열적인 청년과도 같았다.★

---

★ Franz Mehring, *Karl Marx*, (Ann Arbor: Ann Arbor Paperbacks, 1962), 528쪽에서 인용.

그들의 세 딸인 예니, 라우라, 엘레노어는 어른으로 성장했지만 다른 몇 명의 자식들은 어릴 때 사망했다. 그 중에서도 맑스 부부에게 가장 크게 상실의 고통을 주었던 것은 여덟 살로 생을 마감했던 에드가였다. 두 사람 모두 자신들의 사적인 서신에서 자주 그를 그리워하며 언급했다.

맑스의 아내는 맑스의 삶에서 엥겔스만큼 중요한 영향력을 가지지는 못했다 할지라도 간략하게라도 그녀에 대해 언급하는 것은 꼭 필요하다. 그녀는 비범한 여인이었으며 맑스가 성인이 된 이후의 삶에서 그의 동지였다. 그는 아내가 죽고 겨우 1년이 조금 더 지난 후 그녀의 뒤를 따랐다.

정치 저술가로서 맑스의 경력은 검열에 대한 글을 쓰면서 시작되었지만 그 글도 검열로 인해 출판이 금지되었다. 그 글은 아르놀트 루게Arnold Ruge가 편집장으로 있던 《독일연보》에 싣기 위해 쓰였는데 루게는 어렸을 때부터 맑스의 친구였지만 그들은 곧 각자의 길을 걷게 되었다. 맑스의 주요 저술들은 《라인신문Rheinische Zeitung》에서 시작되었으며 그는 곧 이 신문의 편집인이 되었다. 젊은 엥겔스 역시 이 두 신문에서 프리드리히 오스발트라는 필명으로 글을 쓰면서 '변증법적으로' 자신의 무기를 갈고닦기 시작했다.

《라인신문》은 반동적 집단들을 크게 자극했다. 곧 프러시아 정부는 신문 내용을 검열하기 시작했고 신문사에 대한 탄압도 예고했다. 신문의 주주들이 탄압을 피하기 위해 맑스의 비평 논조가 누그러뜨려지기를 원한다는 사실이 분명해지자 맑스는 편집인 자리를 그만두었다.

맑스와 엥겔스는 1842년 10월 어느 날 처음 만났는데 당시 맑스는 청년헤겔학파와 절연했지만 엥겔스는 그렇지 않았다. 그래서 그들의 첫 만남은 다소 냉랭했고 이후 그렇게 오랜 세월을 함께하게 되리라는 어떤 징후도 느낄 수 없었다.

루게와 맑스는 《독일연보》를 독일에서 내는 것이 불가능하다는 사실을 고려해서 프랑스에서 발간되는 신문인 《독불연보Deutsch-Franzosische Jahrbucher》를 창간하기로 결정했다. 유일하게 발간된 《독불연보》에는 맑스의 〈헤겔 법철학 비판을 위하여〉가 실렸는데 그는 이 글에서 자신의 초기 신념과 절연하지는 못했지만 사회의 역사를 해석하려고 했다.[4] 같은 신문에서 엥겔스는 〈정치경제학 비판 개요〉를 발표했는데 이는 맑스주의의 창설자들 중 한 사람에 의해 시도된 경제학에 관한 최초의 비판이었다.

맑스는 파리에서 티에르[5], 기조[6]와 같은 부르주아 작가들의 글을 읽으며 자신의 역사 연구에 대한 더욱 깊은 탐구로 시간을 보냈다. 그는 티에르와 기조 등의 작가들에게서 계급투쟁이라는 핵심적인 이론적 개념을 얻게 되었다. 훨씬 뒤인 1854년에 엥겔스에게 보낸 서신에서 그는 이렇게 썼다.

> 내게 큰 흥미를 불러일으킨 책은 티에르의 《제3신분의 형성 및 발전의 역사》(1853년)라네. 참으로 이상한 것은 프랑스의 역사 서술에 있어 '계급투쟁'의 아버지 le pere인 이 신사가 그 서문에서, 지금 부르주아지와 프롤레타리아 사이의 적대를 인식하고서 이 대립의 흔적을 일찍이 1789년 이전의 제3신분tiers-etat의 역사까지 거슬러 올라가 발견하고자 하는 '신진들'에 대해 몹시 화를 내고 있다는 것이네.*

맑스는 자신의 선구자들의 지적, 역사적 장점들을 인정하

---

\* 1854년 7월 27일 맑스가 엥겔스에게 보낸 편지, *Karl Marx Frederick Engels Collected Works*, Vol.39, 1852~1855, (London: Laurence & Wishart), 473쪽.

면서도 부르주아 사상가들의 이데올로기가 갖고 있는 결정적인 결함들을 지적했다.

    그는 프랑스에서 일 년 조금 넘게 지내다가 추방당했고 장녀가 태어나 늘어난 가족들과 함께 트뤼셀로 갔다.

지칠 줄 모르는 힘찬 인간성

엥겔스가 경제학에 관한 자신의 첫 번째 글을 출판할 즈음 맑스도 같은 주제를 연구하고 있었다. 그러나 맑스는 헤겔적이고 포이어바흐적인 뿌리를 갖고 있는 철학적 관점에서 경제학에 접근하고 있었다. 이 연구 초고들은 놀랄 만큼 예리했지만 맑스와 엥겔스 두 사람이 죽고 많은 세월이 지난 뒤에야 출판되었다. 이 초고들은 《1844년의 경제학 철학 초고》로 알려지게 되었다.

그들이 공동으로 작업했던 첫 번째 연구는 거의 전적으로 맑스가 저술했는데 그것이 바로 《신성가족》이었다. 그것은 (청년헤겔학파에 대항한) 철학 비평, 문학 비평, 그리고 역사유물론의 섬광들[7]이 결합된 복합물이다. 이 책의 상당 부분은 오랫동안 잊혀져온 형편없는 소설인 으젠느 쉬Eugene Sue의 《파리의 신비》[8]에 대한 어느 청년헤겔학파의 평론을 비판하는 데 할애되었다. 맑스는 자신들의 초기 저서를 다시 읽고는 1867년에 엥겔스에게 보낸 편지에 이렇게 썼다.

> 나는 우리가 이 책에 대해 부끄러워할 필요가 없다는 것을 확인하고는 기분 좋게 놀랐네. 포이어바흐 숭배가 사람들에게 미치는 영향이 이제는 매우 희극적이라는 점을 고려하자면 말일세.

《잉글랜드 노동자 계급의 처지》는 엥겔스의 또 다른 뛰어난 면모를 보여주는데, 그는 25살이 되기도 전에 자신의 창의적인 잠재력을 실현하기 위한 길에 안착해 있었다. 1863년에 엥겔스에게 보내는 서신에서 맑스는 이렇게 썼다.

> 자네 책을 다시 읽으니 불행하게도 세월이 가져온 변화를 깨닫게 되었네. 엄청난 열의와 열정, 그리고 대담한 전망을 가지고, 또한 어떠한 학문적 주저함도 없이 그 주제는 자네의 책 안에서 지금도 파악되고 있네! 그 역사적인 성과가 내일이나 모레 바로 나타날 것이라는 환상조차도 전체적으로는 따뜻함, 생기 넘치는

유머를 주고 있지. 그것에 비하면 나중의 온통 회색은 아주 불쾌한 대조를 이루고 있는 것이고.*

프란츠 메링[9]이 주목했듯이, 엥겔스는 맑스보다 더 빨리 문제의 요점을 포착했으며 솔직하고 유려한 산문체로 자신의 생각을 쉽게 표현하는 면에서 맑스를 능가했다. 그러나 그의 글들은 어떤 주제에 관해 지나치게 상세히 기술하기보다는 저널리스트적인 접근법을 채택했으며 피상적이라고까지 할 수는 없지만 맑스와 비교해서 주제를 깊이 있게 다루지는 않는다는 인상을 준다. 그의 주요 저작은 《반뒤링론》(뒤링[10]은 이 제목으로 인해 잊히지 않고 있는 철학자가 되었다)과 《가족, 사적 소유, 국가의 기원》과 같은 사상에 관한 논쟁적 단편들이다. 이 저작들은 각주들을 모아놓은 수준을 조금 더 넘어서는 수준이기는 하지만 맑스주의 사상의 역사에서 매우 중요한 의미를 가진다.

전적으로 진심에서였든 아니면 역설적인 자기비하의 논

---

\* 1863년 4월 18일 맑스가 엥겔스에게 보낸 편지, *Karl Marx Frederick Engels Collected Works*, Vol.41. 1860~1864, 469쪽.

"맑스는 얼마 후 그 문제의
근원이 되는 지점에 도달했지만 그의 힘찬
인간성은 지칠 줄 모르고 거기서부터
갈라져 나온 길들을 탐험하는 데
열중했다. 위에서 아래로, 다시 아래에서
위로, 모든 갈래 길을 따라가면서도
원래의 주도로를 놓치지 않았고 결코
낙담하는 법이 없었다. 이러한 노력으로
인해 그는 마침내 《자본》이라는 승리의
결과물을 얻게 되었다."

**Karl Marx**

조에서였든 엥겔스 자신도 이런 점을 인지하고 있었다. 1851년에 그는 맑스에게 보낸 편지에서 이렇게 썼다.

> 어쨌든 지대地代에 관한 자네의 새로운 견해는 전적으로 옳다네. 리카도가 주장하는 인구 증가에 따라 증가하는 토지의 황폐화는 나에게는 타당하게 보이지 않았고 옥수수 가격의 계속적인 상승을 뒷받침할 수 있는 어떤 증거도 발견할 수 없었어. 그러나 이론적인 문제에 대한 나의 악명 높은 게으름으로 인해 나 자신의 내면의 불평을 함구시키고 그 문제의 근원으로 접근하지 못했다네.*

맑스는 얼마 후 그 문제의 근원이 되는 지점에 도달했지만 그의 힘찬 인간성은 지칠 줄 모르고 거기서부터 갈라져 나온 길들을 탐험하는 데 열중했다. 위에서 아래로, 다시 아래에서 위로, 모든 갈래 길을 따라가면서도 원래의 주도로를

---

\* 1851년 1월 29일 엥겔스가 맑스에게 보낸 편지, *Karl Marx Frederick Engels Collected Works*, Vol.38, 1844~1851, 270~271쪽.

놓치지 않았고 결코 낙담하는 법이 없었다. 이러한 노력으로 인해 그는 마침내 《자본》이라는 승리의 결과물을 얻게 되었다. 그의 평생의 삶과 연구는 바로 이 위대한 걸작을 위한 준비였던 것이다.

브뤼셀에서 두 사람은 《독일 이데올로기》라는 새로운 원고를 작성했다. 하지만 그들의 다른 몇 편의 저작들처럼 이 원고도 그들의 사후에야 겨우 세상에 나와 빛을 보게 되었다. 이 책은 《신성가족》의 요란한 어투를 되풀이하고 있다. 오늘날의 평범한 독자들은 《독일 이데올로기》란 책의 이러한 현학적인 반어법 때문에 이 책이 소인배토 증명되어 역사에서 묻힌 이들에 대한 연속적인 공격을 담고 있다는 것을 이해하기 힘들게 되었다.

이 책은 사회를 끊임없이 변화하는 거대한 종합으로 보는 관점을 제시한다. 이때 변화는 거친 격변이면서도 각 시기마다의 고유한 특징들을 지닌 것이다. 이는 맑스와 엥겔스가 당시의 사회 문제들에 구체적으로 몰두했음을 보여준다. 그러한 구체적인 사회 문제들 때문에 그들은 공산주의자들과 또한 그들이 나중에 날카롭게 비판한 프루동에게 가까워지게 되었다. 그들은 또한 순수한 사고의 영역에서만 머물며 정치적인 언쟁을 초월한 척하는 철학적 분파의 일원들인 '근대 사회주의자들'¹¹을 정확하고도 가차 없이 비판했다.☠

사회에 대해 상반된 견해를 가지고 있었고 성격이 정반대였던 프루동과 맑스의 의견일치는 오래 지속될 수 없었다.

프루동¹⁴이 《빈곤의 철학》을 쓰자 맑스는 《철학의 빈곤》으로 응답했다. 그들을 평생의 적으로 만든 이 논쟁은 매우 중요한 의미를 가지고 있다. 이 논쟁을 통해 맑스는 역사 유물론의 완전한 윤곽을 최초로 제시했기 때문이다. 역사 유

**Che's note** 맑스는 《독일 이데올로기》를 중요하게 여겼다. 왜냐하면 그 책은 "우리의 이전의 정치적¹² 의식과의 결별"을 의미했기 때문이다. 책의 출판이 어렵게 되자 그들은 "우리는 우리의 주된 목적인 자기 규명을 성취했으므로 기꺼이 그 원고를 쥐들이 갉아먹는 비판에 내던져버렸다."(《정치경제학의 비판을 위하여》 서문)
루이 알튀세르는 이 책이 맑스의 초기 저술에서 근본적인 이탈을 보여주는 맑스 저작의 "인식론적 단절"을 나타낸다고 여겼다.¹³ 그때(1845년)까지 맑스는 정치적 공산주의자이자 낭만적 철학자였다. 그때 이후로 그의 정치사상은 성숙기의 맑스가 그랬던 것처럼 과학적 유물론자로서의 호기심과 결합되었다.

물론에 대한 연구를 완성하기까지는 아직 갈 길이 멀었지만 《철학의 빈곤》에는 그 핵심 요점이 담겨 있다. 그렇게 1847년이 지나갔다.

1846년 12월 28일, 안넨코프[P.V.Annenkov15]에게 보낸 편지에서 맑스는 프루동에 대한 비판을 요약했다. 다음은 그 편지에서 발췌한 부분이다.

> 저는 그 책이 대체로 졸작이라고, 그것도 아주 형편없는 졸작이라고 생각하고 있음을 솔직히 고백하는 바입니다. 당신은 편지에서, 프루동 씨가 그 조잡하고 잘난 체하는 저작에서 과시하고 있는 '약간의 독일 철학'은 조롱하면서도, 경제학적 서술은 철학적 독소에 감염되지 않았다고 생각하고 있습니다. 그래서 저 또한 경제학적 서술의 결함들을 프루동 씨의 철학의 탓으로 돌릴 의향은 전혀 없습니다. 프루동 씨가 정치경제학에 대한 그릇된 비판을 내놓은 것은 그가 터무니없는 철학의 소유자이기 때문이 아닙니다. 그가 터무니없는 철학을 내놓은 것은 오히려 현재의 사회 상태를—많은 여타의 것들과 마찬가지로 프루동 씨가

푸리에에게서 빌려 온 단어를 사용하자면—그 연쇄engrenement 속에서 파악하지 못했기 때문입니다.

그 형태가 어떠하든지 간에, 사회란 무엇입니까? [그것은] 인간들의 상호 행위의 산물[입니다]. 인간들은 이러저러한 사회 형태를 자유로이 선택할 수 있습니까? 결코 그렇지 않습니다. 인간의 생산력들의 특정한 발전 상태를 상정해보십시오. 그러면 당신은 그에 상응하는 교류 형태와 소비 형태를 얻게 될 것입니다. 생산, 교류, 소비의 특정한 발전 단계들을 상정해보십시오. 그러면 당신은 그에 상응하는 사회 질서, 그에 상응하는 가족, 신분들 혹은 계급들의 조직, 한마디로 그에 상응하는 시민 사회societe civile를 얻게 될 것입니다. 그러한 시민 사회를 상정해보십시오. 그러면 당신은 그에 상응하는 정치 질서etat politique를 얻게 될 것인데, 여기서 정치 질서란 시민 사회의 공식적 표현에 지나지 않는 것입니다. 바로 이것을 프루동 씨는 결코 이해하지 못할 것입니다. 왜냐하면 그는 국가Etat에 호소하는 대신 시민 사회에 호소하면서 즉 사회의 공식적 모범에 호소하는 대신에 공식적 사회에 호소하면서 무슨 큰일이나 하는 것처럼 생각하고 있기 때문입니다.

인간이 그들이 생산력들―인간의 전 역사의 기초―을 자유로이 선택할 수 없다는 사실은 부언할 필요도 없습니다. 왜냐하면 개개의 모든 생산력은 이미 획득된 힘이며 이전 활동의 산물이기 때문입니다.

모든 낡은 경제 형태들, 이 경제 형태들에 조응하는 사회관계들, 낡은 시민 사회의 공적 표현이었던 정치 질서가 영국에서 파괴되었습니다. 이와 같이 인간이 생산하고 소비하고 교환을 수행하는 경제 형태들은 과도적이며 역사적입니다. 새로운 생산력들의 획득과 함께 인간은 그들의 생산양식을 변화시킵니다. 그리고 생산양식과 함께 그들은 오직 특정한 생산양식의 필연적 관계들일 뿐이었던 모든 경제 관계들을 변화시킵니다.

프루동 씨는 인간이 모직물, 아마포, 견직물을 만들어 낸다는 것은 아주 잘 이해했습니다. 이러한 사소한 것을 이해했다는 것은 큰 공적입니다! 프루동 씨가 이해하지 못했던 것은 바로 인간이 자신들의 생산력에 따라 사회적 관계들 또한 생산하며 이 사회적 관계들 속에서 모직물과 아마포를 생산한다는 것입니다. 프루동 씨가 더더욱 이해하지 못했던 것은 자신들의 물질적 생산성에 조응하여 사회적 관계들을 생산하는 바로 그 인간들이 또한 이념, 범주들, 즉 바로 그러한 사회적 관계들의 추상적, 이념적 표현을 생산해낸다는 것입니다. 그러므로 범주들은 그것들이 표현하는 관계들과 마찬가지로 영원한 것이 아닙니다. 그것들은 역사적이고 과도적인 산물입니다. 프루동 씨에게는 이와 정반대로 추상들, 범주들이 제1의 원인입니다. 그의 견해에 의하면 역사를 만드는 것은 인간이 아니라 추상들, 범주들입니다. 인간들과 그들의 물질적 활동에서 분리된 추상, 범주 그 자체는 물론 불멸 불변 부동의 것입니다. 그것은 순수 이성의 본질$^{etre}$일 뿐이며, 이는 추상 그 자체는 추상적이라는 것을 말하는 데 지나지 않습니다. ─ 놀랄 만한 동어 반복!*

---

\* 1846년 12월 28일 맑스가 안넨코프에게 보낸 편지, *Karl Marx Frederick Engels Collected Works*, Vol.38, 1844~1851, 95~102쪽.

혁명의 물결

이미 떨어질 수 없는 친구가 된 맑스와 엥겔스는 브뤼셀에서 다른 젊은 공산주의자들과 함께 유럽 전역에 흩어져 있는 공산주의자들의 연합을 조직하기 위한 구심점을 만드는 데 전념했다. 그 젊은 공산주의자들 중에는 빌헬름 볼프Wilhelm Wolff16가 가장 두드러진 인물이었다. 다음 해인 1848년에 두 사람은 그들의 공조 활동의 결실이자 아주 중요한 문서인 《공산당선언》을 출판했다.

이 책은 아직은 개념상 미성숙하고 [공산주의적] 열망을 공언하는 데 소극적인 태도를 보인다. 이 책에는 사회주의 문헌들을 다룬 매우 중요한 장이 있는데 거기에는 아무것도 추가되지 않았고 그 점이 선언의 생명력의 많은 부분을 빼앗아 갔다. 그러나 오늘날에는 너무도 많은 정당들과 좌파 집단들이 착취계급들의 "좀 더 합당한" 요소들에 대한 "이해"로 가

**Karl Marx**

득 찬 지루한 철학 뒤로 자신들의 진정한 열망(또는 그들의 진정한 열망이어야 하는 것)을 숨기고 있기에, 공산당선언에 헌신하겠다고 맹세하는 어떤 혁명가도 자신이 열의가 없는 것으로 보이지는 않을지 걱정할 필요는 없다. 1848년 당시에 이 선언은 정말로 대담한 문건이었으며 비슷한 시기 창립되어 맑스에게 선언문을 쓰는 일을 위임한 공산주의자동맹Communist League[17]이 사람들에게 관심을 받는 조직이었더라면 이 선언문으로 인해 무자비한 탄압을 겪었을 것이다. 맑스는 엥겔스와의 긴밀한 협조를 통하여 이 선언문을 작성했다.

그 시기 동안 맑스와 엥겔스는 정치경제학에 대한 지식을 계속해서 심화시켜갔다. 1848년에 유럽을 휩쓴 혁명적 정서의 파도에 힘입어 그들도 독일 정치에 완전히 몰두하면서 콜로뉴Cologne에서 《신新 라인신문》을 창간했다. 그들은 거의 일 년간 지칠 줄 모르고 일했으며 그 신문과 《공산당선언》의 노선을 따랐던 독일의 공산주의적 당파들의 출판물을 통해 독일 민중의 혁명 정신을 고취시켰다.

반동분자들은 아직 미성숙한 프롤레타리아에게 철권을 퍼부으며 자신감을 갖게 되었고 마침내 그들에게 가장 강력한 사상적 적인 《신 라인신문》을 공격할 정도로 강해졌다고 생각하게 되었다. 1849년 5월 12일, 맑스와 더불어 그 신문에 기고한 다른 필자들을 독일에서 추방하라는 명령이 내려졌다. 5월 19일, 나중에 유명해진 페르디난드 프라일리그라트Ferdinand Freiligrath[18]의 시를 붉은 잉크로 인쇄한 마지막 호가 발간되었다. 이 혁명 시인은 혁명적 열정이 자신의 고국에 대한 향수에 자리를 내어주기 전까지는(그는 오랫동안 런던에 망명해서 살았다) 맑스와 각별한 우정을 유지했으나 이들의 관계는 후에 언급될 포그트Vogt[19] 사건으로 인해 냉랭해졌다.

맑스와 엥겔스가 페르디난드 라살레Ferdinand Lassalle[20]와 맺은 우정도 그 시기로 거슬러 올라간다. 비록 라살레의 결점들로 인해 그 관계는 부침을 거듭했지만 그들의 우정은 라살레의 갑작스러운 죽음 전까지 유지되었다. 그가 죽은 후 맑스와 엥겔스는 라살레 추종자들의 수정주의로 귀결되는 투쟁 전술에 맞서 단호히 투쟁해야만 했다. 맑스는 라살레의 경제학에 대한 이해를 항상 낮게 평가했으며 그의 철학적 깊이에

---

**Che's note**  《신 라인신문》의 편집진은 책임편집자인 맑스와 하인리히 뷔르거, 에른스트 드롱케, 엥겔스, 게오르그 베르트, 페르디난드 볼프, 그리고 빌헬름 볼프로 구성되었다.

관해서도 경제학 정도는 아니었지만 그리 후한 점수를 주지는 않았다. 1858년에 엥겔스에게 보낸 편지에서 라살레가 최근에 발표한 《어둠의 철학자 헤라클레이토스》[21]에 관해 논평하면서 맑스는 이렇게 썼다.

> 라살레가 그의 두 번째 대작에서 정치경제학을 헤겔식으로 설명하려 했다는 점이 내게는 분명해 보이네. 그는 비평가가 과학을 변증법적으로 제시할 수 있는 지점까지 가져가는 것과 추상적인 기성의 논리체계를 바로 그러한 체계의 모호한 예측에 적용하는 것은 아주 다른 것임을 대가를 치르고서야 알게 될 것이네.*

하지만 맑스와 엥겔스는 독일 프롤레타리아를 통합시킨 점에서 라살레를 높이 평가했다. 1864년 9월에 한 여성을 놓고 벌인 결투에서 라살레가 죽임을 당했을 때 엥겔스는 맑스에게 보낸 편지에서 이렇게 썼다.

---

\* 1858년 2월 1일 맑스가 엥겔스에게 보낸 편지, *Karl Marx Frederick Engels Collected Works*, Vol.40, 1856~1859, 261쪽.

"맑스와 엥겔스는 많은 역경에도
굴하지 않고 영국의 수도인 런던에서
《신 라인신문》을 창간했다. (……)
《신 라인신문》에서 맑스는 당시의 정치적
문제들과 공산주의자동맹의 활동과
관련된 주제를
특유의 깊이와 그보다 더 큰 정통함을
가지고 보여주었다."

체 게바라가 본문에 인용한 《맑스, 엥겔스 편지 모음집》 표지.

자네는 내가 그 소식을 듣고 얼마나 놀랐는지 상상할 수 있을 것이네. 라살레가 인간으로서, 작가로서, 학자로서 다른 면모에서는 어떤 사람이었든지 간에 그는 정치가로서는 의심할 여지없이 독일에서 가장 중요한 사람 중 하나였지. 우리에게 그는 현재는 매우 믿음이 가지 않는 친구이고 미래에는 거의 확실히 우리의 적이 될 것이네. 그럼에도 독일이 급진적인 당 안에서 제 역할을 하는 모든 이들을 파괴해버리는 것을 보니 화가 나네. 공장주들과 진보당[22]의 돼지들은 매우 기뻐할 것이네. 왜냐하면 라살레는 어쨌든 독일 안에서는 그들이 두려워하는 유일한 사람이었기 때문이지.★

맑스는 친구였던 고인에 대해 이때는 어떤 비판도 하지 않았지만 몇 년 후 라살레가 비스마르크와 함께했던 책략에 대해 알게 되자 그를 혹독하게 비판했다.

다소 뒤늦은 감이 있지만 [1848년의] 혁명적 파도에 반

---

★ 1864년 9월 4일 엥겔스가 맑스에게 보낸 편지, *Karl Marx Frederick Engels Collected Works*, Vol.41, 1860~1864, 558쪽.

응하여 독일 대중은 무장봉기를 일으켰는데 특히 바덴과 팔츠에서 두드러졌다. 엥겔스는 서둘러 그곳으로 가서 병사로 참여했다. 이제는 대중적으로 유명해져 부르주아지들에게 공포를 불러일으켰으며 어떤 위험도 감수할 필요 없이 그 공포 자체만으로도 투쟁에서 이점이 될 수 있었던 그의 명성 때문에 그는 지휘자로서 두드러진 역할을 할 수 없었다. 그럼에도 엥겔스는 자발적으로 망명한 빌리히[23]의 보좌관 역할을 하다가 패한 뒤 스위스로 철수하는 바덴 군대를 보호하기 위한 네 차례의 전투에 참가했다. 이 전투는 1849년 6월 13일부터 7월 12일까지 한 달간 계속되었는데 그 마지막 날 철수 작전에서 그는 자신의 파견대와 함께 가장 마지막으로 국경을 넘었다. 그는 이 군대에 소속되어 전투에 참가했던 경험과 그 당시의 열정을 평생 간직했으며 맑스가 글을 쓰면서 군사 문제를 언급해야 할 때마다 군대에 관련된 부분의 집필을 책임졌다.

    곧이어 맑스는 프랑스에서 지내던 중에 브르타뉴의 외지고 건강에 좋지 않은 지역으로 추방명령을 받았다. 그는 그곳으로 가는 대신 런던으로 이주했다. 런던은 그가 여생을 보내게 된 곳이다.

맑스와 엥겔스는 많은 역경에도 굴하지 않고 영국의 수도인 런던에서 《신 라인신문》을 창간했다. 그 신문의 편집자는 맑스였고 6호까지 발행되었다. 《신 라인신문》에서 맑스는 당시의 정치적 문제들과 공산주의자동맹의 활동과 관련된 주제를 특유의 깊이와 그보다 더 큰 정통함을 가지고 보여주었다. 1848년의 혁명 봉기가 쇠퇴해가는 당시 상황에서 공산주의자동맹은 살아남을 수 없었다. 맑스와 엥겔스는 엥겔스의 옛 지휘관이었던 빌리히를 반박하는 티도 지면을 할애해야 했다. 빌리히는 전 세계 프롤레타리아트의 미래 지도자들과 다른 정치적 입장을 전개했다.

《신 라인신문》을 접은 후 엥겔스는 그의 아버지가 공동 소유주였던 섬유공장의 대표로 영국 맨체스터에 정착했다. 맑스는 그가 과학적 저술을 할 때 참조해야 하는 책들 때문에 서고가 있는 대영박물관 근처에 계속 머물렀다.

그들의 친구인 요셉 바이더마이어Joseph Weydemeyer는 박해를 피해 미국으로 이주하여 《루이 보나파르트의 브뤼메르 18일》의 출판에 중요한 역할을 했지만 단명하고 만 잡지를 설립했다. 《루이 보나파르트의 브뤼메르 18일》의 정치 분석은 오늘날에도 여전히 심오하고 설득력 있지만 대조적으로 이

전에 같은 주제의 글을 썼던 위고와 프루동의 "작은 나폴레옹(빅토르 위고가 나폴레옹 3세를 부른 이름)"이라는 분석만큼 독자들 사이에서 잘 받아들여지지 못했다. 맑스의 결론은 그 당시에는 너무 급진적이었고 그래서 성공적인 출판물이 되지 못한 것이다.

그 시기는 정리와 연구의 시기였다. 맑스는 《프랑스의 계급투쟁, 1848~50》과 《루이 보나파르트의 브뤼메르 18일》을 출판했고 엥겔스는 《독일 농민전쟁》과 《독일의 혁명과 반혁명》을 썼다. 이를 통해 맑스와 엥겔스는 더 나은 혁명의 조건을 기다리는 것이 필요하다고 주장했지만 이는 어떤 희생을 치르더라도 행동하기를 선호했던 빌리히의 맹목적 열정과 충돌했다. 맑스와 엥겔스는 이민자 집단과 그들의 불모적인 다툼과 결국 결별했다. 그것이 맑스와 엥겔스가 스스로에게 부과한 과학적 작업이라는 과제에 집중하지 못하게 했기 때문이었다. 공산주의자동맹은 맑스의 제안으로 1852년 11월 스스로 해산을 선언했다.

고달픈 삶, 《자본》을 쓰다

런던에서의 이때는 맑스의 삶에서 가장 힘든 시기 중 하나였다. 그의 가장 친한 친구 엥겔스도 죽을 때까지 자신의 동반자였던 아일랜드 출신의 메리 번즈Mary Burns[24]와의 생활을 꾸려야 했기 때문에 원하는 만큼 맑스를 도울 수 없었다.

맑스의 유일한 수입원은 그가 《뉴욕 트리뷴New York Tribune》에 썼던 기사들이었다. 하지만 이 기사들도 항상 신문에 실린 것은 아니었고, 실리지 않으면 원고료도 받지 못했다. 따라서 맑스 가족은 원고료만으로는 생활할 수 없었지만 맑스나 그의 아내는 절약으로 생계를 꾸려나가는 데 능숙하지 않았다.

그들의 아들 에드가가 이 시기인 1855년에 죽었는데 이 일은 이후 그들의 결혼생활에 무척 고통스러운 기억들을 남기게 된다. 우리는 맑스가 언제나 훌륭한 인간이었다는 것을 잊어서는 안 된다. 그는 그의 아내와 아이들을 매우 사랑했지만 그의 필생의 작업이 가족들에 우선한다고 느꼈다. 그가 사랑하는 두 가지 대상, 가족과 프롤레타리아트에 대한 헌신이 공존하기 힘들며 서로를 배척한다는 사실은 모범적인 남편이자 아버지에게는 고통스러운 일이었다. 그는 이 둘이 양립하도록 애썼고 둘 모두에 의무를 이행했다. 그러나 그의 사적인 편지에는 그의 가족이 처해 있었던 빈곤하고 때로는 비참한 상황 때문에 일어난 의구심이 드러나 있다.

[루트비히] 쿠겔만[Ludwig] Kugelmann에게 1862년에 보낸 편지에서 맑스는 다음과 같이 썼다.

> 1861년에 나는 나의 주된 수입원인 《뉴욕 트리뷴》을 미국 남북전쟁 때문에 잃어버렸네. 그 신문에 기고하는 일은 지금까지도 일시 중지 상태야. 그래서 그때부터 지금까지 나는 나와 가족들이 정말로 길거리로 나앉지 않도록 많은 양의 잡문을 쓰는 일을 맡아야만 했다네. 나는 심지어 "실용적인 인간"이 되기로 결심하고 지난해 초에는 철도사무소에 취직하려 했어. 운 좋게도—운이 나쁘다고 해야 하나?—나의 악필 때문에 그 자리를 얻을 수 없었네. 그러니 내게 이론적인 작

"맑스의 유일한 수입원은 그가
《뉴욕 트리뷴》에 썼던 기사들이었다.
하지만 이 기사들도 항상 신문에 실린
것은 아니었고, 실리지 않으면 원고료도
받지 못했다. 따라서 맑스 가족은
원고료만으로는 생활할 수 없었지만
맑스나 그의 아내는 절약으로 생계를
꾸려나가는 데 능숙하지 않았다. 그들의
아들 에드가가 이 시기인 1855년에
죽었는데 이 일은 이후 그들의 결혼생활에
무척 고통스러운 기억들을 남기게 된다."

칼 맑스와 그의 딸 예니, 1869년.

업을 위한 시간과 조용한 순간들이 거의 없다는 것을 이해할 수 있겠지.*

맑스는 1867년에는 마이어에게 편지를 썼는데 이 편지는 유난히 감정적인 어조로 쓰여졌고 모든 것에 대해 화를 내고 있다.

> 왜 답장을 하지 않았냐고? 내가 끊임없이 묘지 가장자리를 맴돌고 있었기 때문이네. 내 건강, 행복 그리고 가족을 희생했던 내 책을 완성하기 위해 일을 할 수 있는 모든 순간을 사용해야 했기 때문이네. 이런 설명에 다른 말을 덧붙일 필요는 없다고 믿네. 나는 자신들의 지혜를 가진 소위 '실용적인' 인간들을 비웃는다네. 우리가 황소가 되기를 선택한다면 우리는 인류의 고통에는 등을 돌리고 자신의 가죽만을 돌볼 수 있을

---

\* 1862년 12월 28일 맑스가 루트비히 쿠겔만에게 보낸 편지, *Karl Marx Frederick Engels Collected Works*, Vol.41, 1860~1864, 435~436쪽.

거네. 하지만 나는 내 책을 최소한 원고 상태로라도 끝마치지 못하고 죽게 된다면 나 자신을 쓸모없는 인간으로 여기게 될 것이야.*

1959년에 맑스는 그의 경제학적 작업의 일부를 끝마치고 《정치경제학 비판을 위하여》를 출판했는데, 이 책은 《자본》의 변형이자 예고편이었다. 이 책에는 그의 걸작 《자본》 1권의 일부인 상품과 화폐에 대한 연구가 포함됐다. 그러나 경제학적 작업의 최초 결과물인 이 책의 문체는 《자본》보다 훨씬 더 어려웠고 그 때문에 이 책은 혹독한 비판을 받았으며 라살레조차도 책의 진정한 내용을 이해할 수 없었다. 아마도 라살레가 완성된 작업에서 이 주제가 어떻게 다루어졌는지 볼 수 있었더라면 그런 일은 일어나지 않았을 것이다. 처음에 그 작품은 여섯 장으로 된 팸플릿으로 출판될 예정이었다. 시간이 지나 맑스가 그의 연구를 더 깊이 파고들면서 계획이 바

---

\* 1867년 4월 30일 맑스가 지그프리트 마이어에게 보낸 편지, Marx Engels, *Selected Correspondence* (Moscow: Progress Publishers, 1975), 173쪽.

뀌었다. 1858년에 엥겔스에게 쓴 편지에서 그는 이렇게 설명했다.

> 다음은 제1부의 간략한 개요이네. 전체는 다음과 같이 6권으로 나뉠 것이네: '1. 자본에 대하여', '2. 토지 소유', '3. 임금 노동', '4. 국가', '5. 국제 무역', '6. 세계 시장'.
> 《자본》은 다음의 4개의 편들로 나눠지네. 'a/ 자본 일반'(이것이 제1분책의 제재이네.). 'b/ 경쟁', 즉 다수 자본들 상호 간의 작용. 'c/ 신용', 여기에서 자본은 개별 자본들에 대립하여 일반 요소로서 나타나네. 'd/ 주식 자본', 가장 완성된 형태(공산주의로 넘어가기 위한)인 동시에 자본의 모든 모순들을 지니고 있는 것으로서의 이 자본.*

---

★   1858년 4월 2일 맑스가 엥겔스에게 보낸 편지, *Karl Marx Frederick Engels Collected Works*, Vol. 40, 1856~1859, 298쪽.

맑스는 경제학에 대한 자신의 작업을 끝마치려고 애썼다. 왜냐하면 스스로도 말한 것처럼 그는 애덤 스미스와 리카도 이래로 거의 발전이 없었던 이 학문이 지겨워졌기 때문이다. 그러나 그의 기본적인 발견들 중 하나가 공표되었다(그의 팸플릿 출판이 중단되었기 때문에 증명되지는 못했지만). 그것은 노동력 개념을 포함하는 가치의 메커니즘이었다. 그리고 이것은 맑스가 자본주의적 생산관계의 복잡한 메커니즘과 그것의 결과인 잉여가치를 설명할 수 있게 해준 미묘한 것이었다.[25]

정리되지는 못했지만 이것은 아래의 단락에서도 제시되었다.

> 상품의 교환가치가 그것이 포함하는 노동시간의 양과 같다면 하루의 노동의 교환가치는 그 노동이 생산하는 것과 같다. 다시 말해서 노동에 지불된 임금은 그 노동의 산물과 같아야 한다. 그러나 실제로는 반대가 진실이다. 그러므로 이런 현실은 다음과 같은 질문을 제기한다. 노동의 교환가치가 그 노동이 만들어내는 교환가치보다 작다면 어떻게 노동에 의해 만들어진

상품의 교환가치가 그 노동의 비용보다 더 클 수 있는가. 우리는 자본 그 자체의 본성을 연구함으로써 이 문제를 해결할 것이다.

그러나 이 부분은 8년 뒤 《자본》의 마지막 판이 나올 때까지는 세상의 빛을 볼 수 없었다.

맑스는 일련의 음모적 사건들 때문에 《자본》의 부분적인 출판 직후에 논쟁적인 팸플릿 《포그트 씨》를 써야만 했다. 거기서 맑스는 자신의 명예를 훼손한 사람이 나폴레옹의 스파이였다는 것을 보여주었다. 포그트 역시 맑스와 엥겔스가 비판한 덕분에 사람들이 관심을 갖게 되었고, 역사에서 자리를 차지하게 된 많은 인물들 중 하나였다. 사실 포그트는 경제학이나 맑스의 명성에 아무것도 보탠 것이 없다.

체 게바라가 참고한 《자본》 표지.

Carlos Marx
El Capital (1ª Edición cubana)
Tomo I

Prólogo a la primera edición

"En el análisis de las formas económicas de nada sirven el microscopio ni los reactivos químicos. El único medio de que disponemos, en este terreno, es la capacidad de abstracción. La forma de mercancía que adopta el producto del trabajo o la forma de valor que reviste la mercancía es la célula económica de la sociedad soviética [XXI-XXII]

"Las naciones pueden y deben escarmentar en cabeza ajena. Aunque una sociedad haya encontrado el rastro de la ley natural con arreglo a la cual se mueve — y la finalidad última de esta obra es, en efecto, descubrir la ley económica que preside el movimiento de la sociedad moderna —, jamás podrá saltar ni descartar por decreto las fases naturales de su desarrollo. Podrá únicamente acortar y mitigar los dolores del parto." [XXIII]

《자본》에 관한 체 게바라의 노트.

제1인터내셔널과 파리코뮌

맑스는 다음 몇 년을 그의 기본적 과제인《자본》집필과 제1인터내셔널²⁶ 활동을 위해 썼다. 제1인터내셔널은 1864년 런던에서 설립되었고 맑스는 창립 연설문을 쓰고 규약을 만들었다.

노동자 계급의 조직으로 너무나 중요한 단체였지만 제1인터내셔널은 단명했다. 독일의 라살레 추종자들이 저지른 오류와 프루동 그리고 바쿠닌 지지자들과의 끊임없는 의견 불일치 때문에 제1인터내셔널은 음모의 온상이 되고 말았기 때문이다. 그렇다고 해도 제1인터내셔널이 급속도로 쇠퇴한 데는 조직된 유럽 노동자들의 지지가 부족한 탓이 컸다. 그들 중 일부 특히 영국의 노동계급은 제국주의가 난폭한 노략질을 저지를 다른 장소들을 발견했을 때 자국의 착취 받는 계급에게 나누어주었던 부스러기를 받기 시작했다.[27]

# 제1인터내셔널과 파리코뮌

1871년 파리코뮌을 뒤따른 혁명의 퇴조기에 제1인터내셔널은 붕괴했다. 하지만 그전에 재빠르게 봉쇄조치를 취하기 시작했던 반동들을 깜짝 놀라게 만들기는 했다.

프랑스-프러시아 전쟁[28]과 뒤이은 파리코뮌[29]은 부르주아 전쟁의 본성을 명확히 보여주었다. 승리한 독일과 패배한

> **Che's note**  엥겔스가 1874년에 [프리드리히 아돌프] 조르게에게 쓴 편지의 다음 단락은 파리의 사건들에서 인터내셔널이 했던 역할을 정확히 보여준다. "실제로 1864년의 운동의 이론적 특징은 유럽 전역 즉 대중들 사이에서 매우 불분명했습니다. 독일 공산주의는 아직 노동자 정당으로 존재하지 않았고, 프루동주의는 너무 약해서 자신들의 유별난 생각조차도 앞서서 이끌 수 없었지요. 바쿠닌의 새로운 헛소리는 그 자신의 머릿속에도 존재하지 않았고, 영국 노동조합의 지도자들조차도 규약 서문에 제시된 강령이 그들에게는 운동으로 들어가기 위한 기초를 주었다고 생각했습니다. 첫 번째 큰 성공으로 인해 모든 분파들의 나이브한 결합은 폭파되어야 했지요. 이 성공이 파리코뮌이었습니다. 비록 인터내셔널이 코뮌을 만들기 위해 손가락 하나 거들지도 않았지만 그것은 지적으로는 의식할 바 없이 인터내셔널의 자식이었습니다. 인터내셔널이 코뮌에 어느 정도는 책임이 있다는 말은 꽤 타당합니다."

프랑스의 착취자들은 맑스의 표현에 따르면 "천상에 태풍을 몰아치게 하는" 프롤레타리아트가 일으킨 최초의 심각했던 봉기를 무자비하게 쓸어버리기 위해 주저 없이 협력했다.

프랑스-프러시아 전쟁은 1870년 7월 19일 시작되었다. 7월 23일에 인터내셔널 총평의회는 맑스가 쓴 호외를 발행해서 유럽의 노동자들에게 이 전쟁의 본성과 의도에 대해 경고했다.

세당Sedan 전투 후 맑스는 프롤레타리아트가 정말로 권력을 잡을 것이라고는 생각하지 않았다. 그러나 그런 일이 일어나자 단호하게 그것을 지지했다. 인터내셔널은 공공연하게 반란을 일으킨 대중의 자발적 행위와는 아무런 관련이 없었다. 대중은 블랑키주의자들의 영향 아래 있었다. 그러나 인터내셔널은 맑스와 엥겔스의 영향을 받아서 자연스럽게 패배자들을 옹호했고 그들의 대의를 떠맡았다. 이 때문에 인터내셔널은 부르주아지의 증오를 받았고 어떻게든 현 상황을 영구화시키는 데만 관심이 있었던 노동자 계급 구성원들에게 불신을 받게 되었다. 영국 노동자들은 인터내셔널과의 관계를 단절했고 인터내셔널은 곧 해산되었다. 인터내셔널이 남긴 유일한 유언은 미래의 사회주의 사회에 대한 흔들리지 않

<u>Indice</u>

~~Obras~~
Marx - Engels - Obras ~~políticas~~ escogidas

Tomo I — 1
   Manifiesto del partido comunista (Marx-Engels) — 1
   Trabajo asalariado y Capital (Marx) — 7
   Las luchas de clase en Francia de 1848 a 1850. (Marx, prólogo de Engels) — 9
   El 18 brumario de Luis Bonaparte (Marx) — 12
   Futuros resultados de la dominación británica en la India (Marx) — 12
   Prólogo de la contribución a la crítica de la economía política (Marx) — 14

Tomo II — 15
   Salario, precio y ganancia (Marx) — 15
   Prefacio del Capital (Marx) — 20
   El Capital de Marx (Engels) — 20
   La guerra civil en Francia (Marx) — 21
   Acerca de las relaciones sociales en Rusia (Engels) — 23
   Introducción a la dialéctica de la naturaleza (Engels) — 26
   Prólogo al folleto, del socialismo utópico

체 게바라가 읽은 맑스, 엥겔스 저작 목록.

는 신념이었다.

맑스와 엥겔스는 실패로부터 배웠다. 맑스는 이 사건에 대한 심오한 분석을 했고 인터내셔널의 감수 아래 《프랑스내전》을 출판했다. 파리코뮌의 가장 중요한 결과들 중 하나는 민중의 권력을 튼튼히 하기 위해서는 낡은 정부기구를 파괴할 필요가 있다는 점을 조명했다는 것이다.

이 문제에 대한 논란은 지금도 계속되고 있다. 맑스는 친구 쿠겔만에게 보낸 편지에서 영국의 기존 정부기구 모두를 파괴할 필요는 없을 수도 있다고 말했다. 10월 혁명 직전 레닌은 평화적인 수단으로 권력을 잡을 "역사적으로 예외적인" 가능성에 주목했다. 이 두 구절은(맑스와 레닌의 두 구절) 문맥과는 상관없이 편향적으로 해석되어서 많은 공산당들 심지어 사회주의 국가들의 많은 지도자들이 "공격적 평화주의"를 옹호하는 데 이용되었다.

어떤 경우에나 코뮌의 성공과 실수에 대한 맑스의 견해는 1871년 4월 12일 쿠겔만에게 보낸 또 다른 편지에 분명히 드러나 있는 것처럼 단호했다.

자네가 내 책 《루이 보나파르트와 브뤼메르 18일》의

Carlos Marx – Federico Engels
Obras escogidas en tres tomos
(Editora política, Habana, 1963)
### TOMO I

"La historia de todas las sociedades que han existido hasta nuestros días es la historia de la lucha de clases."
(Marx–Engels, Manifiesto del partido comunista, 1848 [pg. 21])

[La burguesía] "Ha hecho de la dignidad personal un simple valor de cambio."
(Marx–Engels, Ibid [pg. 24])

"La burguesía no puede existir sino a condición de revolucionar incesantemente los instrumentos de producción y, por consiguiente, las relaciones de producción, y con ello todas las relaciones sociales."
(Marx–Engels, Ibid [pg. 25])

"El lumpenproletariado, ese producto pasivo de la putrefacción de las capas más bajas de la ~~sociedad~~ vieja sociedad, puede a veces ser arrastrado al movimiento

체 게바라의 노트에 적혀 있는 맑스, 엥겔스 저작들.

마지막 장을 보면 알겠지만, 나는 프랑스혁명의 다음 시도는 더 이상 이제까지와 마찬가지로 관료적 - 군사적 기구를 한 손에서 다른 손으로 옮기는 것이 아니라 그것을 **때려 부수는** 것이라고 말했다네. 이것이 대륙에서의 모든 현실적 인민혁명의 전제 조건이라고. 이것은 또한 우리의 영웅적인 파리의 당 동지들의 시도이기도 하네. 이 파리 사람들에게는 정말 유연한 탄력성과 뛰어난 역사적 주도권과 대단하고 고귀한 헌신 능력이 있지 않은가! 국외의 적에 의해서라기보다 오히려 국내의 배반에 의해서 여섯 달 동안의 식량 보급 차단과 파괴가 있은 후에도, 그들은 마치 프랑스와 독일 사이에 전혀 전쟁이 없었고 이제는 적이 파리의 문 앞에 서 있지 않다는 듯이 프로이센의 총검 아래서 일어서고 있지 않은가! 그처럼 위대한 역사는 이제껏 없었네. 만약 그들이 진다면, 그것은 그들이 "사람들이 좋다는 것"이 아닌 다른 책임 때문일 것이야. 처음에는 비느와가, 그다음에는 파리 국민방위대의 반동적인 부대가 자진하여 퇴각한 직후 그들은 곧장 베르사유로 행군했어야 했네. 좋은 순간을 놓친 것은 양심의

가책 때문이었지. 짓궂은 난쟁이 티에르가 파리의 무장을 해제하려는 시도로 이미 내전을 개시한 것을 인정하지 않았기 때문에 사람들은 **내전을 개시**하지 않으려 했지! 두 번째 오류는 다음과 같은 것이었지. 중앙위원회는 자신의 권력을 너무 일찍 포기하고 코뮌에게 자리를 마련해주었네. 또다시 너무 "고결한" 가책 때문이었지! 어쨌든 지금의 이 파리 봉기는―비록 낡은 사회의 늑대들, 돼지들, 구역질나는 똥개들에게 진다 하더라도―6월 봉기[30] 이래 우리 당의 가장 영광스러운 행동이라네.*

---

\* 1871년 4월 12일 맑스가 루트비히 쿠겔만에게 보낸 편지, *Marx Engels, Selected Correspondence*, op. cut., 284쪽.

# 거대한 정신의 죽음

1867년 맑스는 《자본》의 첫 번째 권을 완성해 출판하면서 그의 작업의 일부가 결실을 맺는 것을 보았다. 다른 권들은 그가 죽고 나서야 출판되었고 맑스는 그의 경제사상을 완성할 수 없었다. 전체의 어떤 부분들, 예를 들면 당시 발생기에 있었던 제국주의 현상을 검토할 수 있게 해주었을 국제무역에 관한 부분이 빠져 있다.

1866년 10월 13일 쿠겔만에게 쓴 편지에서 맑스는 그의 작업 계획을 제시했는데 그것은 불완전한 형태로 우리에게 전해 내려온 최종 결과와 매우 흡사하다.

> 완결된 작업은 다음과 같이 나뉘네.
> 1권: 자본의 생산과정
> 2권: 자본의 순환과정

3권: 전체 과정의 구조

4권: 경제학 이론의 역사

이 책의 나머지는 《자본》의 요약과 비판적 분석이기 때문에 여기서 다루지는 않을 것이다. 대신 맑스가 1867년 엥겔스에게 쓴 편지를 인용할 텐데 거기에서 맑스는 그가 보기에 가장 중요한 측면들의 윤곽을 제시했다.

> 내 책에서 가장 훌륭한 것은 다음과 같네. 1. (사실들에 대한 모든 이해는 이것에 근거하네.) 제1장에서 곧바로 강조된 사용가치로 표현되는가, 교환가치로 표현되는가에 따르는 **노동의 이중성**. 2. 잉여가치를 이윤, 이자, 지대 등등의 **그 특수 형태들로부터 독립시켜서** 취급한 것. 이것은 특히 제2권에서 드러날 것이네. 이 특수 형태들을 항상 일반 형태들과 혼동하는 고전경제학에 있어서 특수 형태들의 취급은 하나의 잡탕이네.*

---

\* 1867년 8월 24일 맑스가 엥겔스에게 보낸 편지, *Marx Engels, Selected Correspondence*, op, cut., 180쪽.

"그의 사랑할 수 있는 능력은 전 세계 고통 받는 모든 이들에게 기쳤다. 그러나 그토록 헌신적인 투쟁과 불굴의 낙관적 메시지를 남긴, 그렇게 인간적인 사람이 역사에 의해 왜곡되고 돌로 된 우상으로 변질되었다. 그의 모범이 더욱 빛나기 위해서는 우리가 그를 구해내어서 그에게 인간의 차원을 부여해야 한다."

이때가 그의 창조성이 최고점에 달한 마지막 시기였고, 이 시기에 《자본》의 다른 두 권과 《잉여가치 학설사》의 많은 부분이 써졌다.

말년에 맑스는 다른 중요한 저작을 남겼다. 맑스가 공산주의적 미래에 대해 어느 정도 조직적으로 예측했던, 미래를 비추는 이 저작은 《고타강령 초안 비판》이었다. 맑스는 자신의 유별나게 꼼꼼한 성격 탓에 어떤 주제 하나도 난공불락의 논리 위에 근거하지 않고서 논의하는 것을 꿈도 꾸지 못했다. 독일 사민당(라살레 추종자들의 영향 아래로 들어간) 강령[31]에 대한 맑스의 분노는 그가 이 주제와 강령에 대한 분석 형식의 글을 쓰게 만들었다.

그의 동지 엥겔스 덕분에 경제적 걱정에서는 자유로워졌지만 훨씬 더 쇠약해진 맑스는 남은 마지막 몇 년 동안 두 명의 예니―그의 아내와 딸. 1881년 12월과 1883년 초에 각각 사망했다―를 잃고 고통 받았다. 일을 할 수도 없었고 아내와 딸을 잃어 그의 에너지의 비밀스러운 원천도 말라버렸기 때문에 맑스에게는 1883년 3월 14일 세상에서 물러나는 것 말고는 할 일이 남아 있지 않았다.

그의 사랑할 수 있는 능력은 전 세계 고통 받는 모든 이들에게 미쳤지만 그토록 헌신적인 투쟁과 불굴의 낙관적 메시지를 남긴, 그렇게 인간적인 사람이 역사에 의해 왜곡되고 돌로 된 우상으로 변질되었다.

그의 모범이 더욱 빛나기 위해서는 우리가 그를 구해내어서 그에게 인간의 차원을 부여해야 한다. 맑스주의는 여전히 메링의 위대한 전기*를 완성시킬, 즉 더 훌륭한 관점에서 몇몇 해석의 오류를 교정할 새로운 전기를 기다리고 있다. 나의 개요는 맑스의 저작에 대한 입문일 뿐이며, 맑스주의 경제학에 익숙하지 않은 이들 그리고 맑스주의 설립자들의 인생의 부침을 알지 못하는 이들을 위한 것이다.

어쨌든 엥겔스는 맑스의 장례식에서 했던 연설에서 맑스의 생애를 이렇게 요약했다.

> 3월 14일 오후 3시 15분 전, 살아 있는 위대한 사상가는 사유하기를 멈추었습니다. 우리가 그를 홀로 남겨둔 것은 2분도 되지 않았고, 우리가 들어가 보니 그는 안락의자에 평안하게 잠들어 있었습니다. 그러나 영

---

\* Franz Mehring, *Karl Marx*, op. cit.

원히 잠들어 있었습니다.

유럽과 아메리카의 전투적 프롤레타리아트와 역사과학이 이 사람의 죽음으로 인해 잃은 것은 실로 헤아릴 수 없을 정도입니다. 이 거대한 정신의 죽음이 남긴 공백은 곧 충분히 실감할 것입니다.

다윈이 유기적 자연의 발전 법칙을 발견했듯이, 맑스는 인간 역사의 발전 법칙을 발견했습니다. 그것은 지금까지 이데올로기의 웃자람 아래 가려졌던 다음과 같은 단순한 사실들입니다. 인간은 정치, 과학, 예술, 종교 등등을 추구할 수 있기 전에, 무엇보다도 먼저 먹고 마시고 거주하고 입어야 한다는 사실. 그러므로 직접적인 물질적 생활 수단의 생산과, 속한 민족에 따라 또는 속한 시대에서 획득된 경제적 발전 정도는 해당 민족의 국가 제도, 법 관념, 예술, 그리고 심지어 종교적 표상들이 발전하는 데 기초를 이루므로, 그 기초로부터 그런 것들이 설명되어야 한다는—지금까지 그랬듯이 그 반대여서는 안 된다는—사실.

그러나 이것이 전부는 아닙니다. 맑스는 오늘날의 자본주의적 생산 방식을 지배하는, 그리고 이 생산방식

"맑스는 자신의 시대에서 가장 증오를 많이 받고 가장 많은 비방에 시달린 사람이었습니다. … (그러나) 그는 시베리아의 광산들로부터 캘리포니아에 이르는 유럽 전역과 아메리카에 있는 수백만의 혁명적 협력자들의 사랑과 경의와 애도 속에 죽었으니, 나는 감히 말할 수 있습니다. 그에게는 수많은 반대자들이 있었을 수도 있지만, 개인적인 적은 거의 한 사람도 없었다고."
— 엥겔스

이 산출한 부르주아 사회를 지배하는 특유한 운동법칙 또한 발견했습니다. 잉여가치의 발견은, 부르주아 경제학자들의 것이든 사회주의적 비판가의 것이든 간에 이전의 모든 연구들이 해결하려다 어둠 속에서 길을 잃었던 그 문제에 돌연 빛을 던졌습니다.

한 사람의 일생은 이러한 두 가지 발견으로도 충분할 것입니다. 이러한 발견을 하나라도 할 기회가 허락된 사람은 행복할 것입니다. 그러나 맑스가 연구한 개별 영역들은 매우 많았고, 그 어떤 것도 그는 날림으로 다루지 않았습니다. 그는 모든 영역에서, 심지어 수학에서조차 독자적 발견을 이룩했습니다.

과학을 하는 사람으로서는 이러했습니다. 그러나 이것은 아직 이 사람의 절반도 아닙니다. 과학은 맑스에게 역사를 움직이는 하나의 혁명적 힘이었습니다. 아마도 실제적 응용이 아직까지 전혀 보이지 않는 어떤 이론과학에서의 새로운 발견이 가져다준 기쁨이 아무리 컸다 하더라도 그는 산업이나 역사 발전 일반과 곧바로 혁명적으로 맞물리는 발견에 대해서는 매우 각별한 기쁨을 맛보았습니다. 예를 들면, 그는 전기 분야에서 이루어진 발견들의 발전을 면밀하게 추적했으며, 그리고 최근에는 마르셀 드프레즈Marcel Deprez의 발견들을 면밀하게 추적했습니다.

왜냐하면 맑스는 그 무엇이기에 앞서 혁명가였기 때문입니다. 이러저러한 방식으로 자본주의 사회와 그것에 의해 창조된 국가 제도들의 전복에 기여하는 것, 그가 최초로 부여한 고유의 처지와 욕구에 대한 의식과 해방의 조건들에 대한 의식을 가진 현대 프롤레타리아트의 해방에 기여하는 것. 이것이 그의 삶의 진정한 소명이었습니다.

투쟁은 그의 본령이었습니다. 그 사람처럼 열정적으로, 강인하게, 성공적으로 투쟁한 사람은 드물었습니다. 1842년《라인신문》, 1844년 파리의《전진!》, 1847년《브뤼셀 독일어 신문》, 1848~1849년《신 라인신문》, 1852~1861년《뉴욕 트리뷴》등에 실린 그의 기사들―게다가 수많은 투쟁적 소책자들, 파리와 브뤼셀과 런던의 조직들에서의 활동, 끝으로 이 모든 것들의 압권으로서 위대한 국제노동자협회의 성립―실로 이 국제노동자협회는, 그 창시자가 그 밖에 아무것도

하지 않았더라도 크게 자부할 수 있는 성과였습니다. 그리고 그런 까닭에 맑스는 자신의 시대에서 가장 증오를 많이 받고 가장 많은 비방에 시달린 사람이었습니다. 절대주의적이건 공화주의적이건 각국 정부들은 그를 자신들의 국경에서 추방했으며, 보수적이건 극단 민주주의적이건 부르주아는 내기를 건 듯이 앞을 다투어 그에게 중상을 퍼부었습니다. 그는 이 모든 것들을 거미줄인 양 걷어버렸으며, 그것들에 개의치 않았고, 하는 수 없을 때에만 그것들에 답했습니다. 그리고 그는 시베리아의 광산들로부터 캘리포니아에 이르는 유럽 전역과 아메리카에 있는 수백만의 혁명적 협력자들의 사랑과 경의와 애도 속에 죽었으니, 나는 감히 말할 수 있습니다. 그에게는 수많은 반대자들이 있었을 수도 있지만, 개인적인 적은 거의 한 사람도 없었다고.

그의 이름은 수세기에 걸쳐 살아 있을 것이며, 그의 위업도 그러할 것입니다.*

---

\* Franz Mehring, *Karl Marx*, 531~532쪽.

엥겔스, 최초의 맑스주의자

맑스가 사망한 후에 엥겔스는 맑스의 이론을 모든 면에서 방어해야만 했고 이것은 그가 살아 있는 한 계속되었다.

이보다 몇 년 앞서 주택 문제에 대한 프루동적 관점의 논문들이 독일 사민당의 출판사에서 출판되었을 때 엥겔스는 《주택 문제》(1872~1873)를 써서 이 주제에 대해 맑스주의적으로 접근했다.

1877년에는 독일 사민당의 당원들에게 높은 평판을 받던 사회주의 철학자인 오이겐 뒤링을 반박하는 일련의 논문들을 발간하기 시작했다. 나중에 이 논문들은 책으로 묶여졌는데 그것이 유명한 《반뒤링: 오이겐 뒤링 씨의 과학혁명》이다. 맑스가 정치경제학에 관한 장을 썼으며, 세계 전체에 대한 맑스주의적 생각을 폭넓고 완전하게 제시한 이 책은 《자연변증법》—엥겔스는 불운하게도 이 책을 마칠 수 없었다—과 함께 《자본》에 대한 매우 유용한 보완물이었다.

　엥겔스는 그의 마지막 책(《자연변증법》)을 1870년대에 쓰기 시작했지만 그는 《반뒤링: 오이겐 뒤링 씨의 과학혁명》을 쓰기 위해 중단했던 그 책을 결코 완성할 수 없었다. 그 책은 독일 사민당에게 유산으로 남겨졌지만 독일 사민당은 관심이 없었거나 혹은 두려워했다(아마도 후자일 것이다). 소련이 나중에서야 그 책을 구해냈고 1925년 소련에서 처음 출판되었다.

　엥겔스는 《자본》을 완성해야 한다는 엄청난 과제를 안고 있었고 그것이 그의 가장 큰 관심사였다. 《자본》 2권은 상대적으로 이른, 맑스가 죽은 지 2년 만인 1885년에 출판되었는데 그 책 서문에는 《자본》 3권이 곧 나올 것이라고 되어 있었다. 그러나 엥겔스는 맑스가 남긴 엄청난 원고 더미를 편찬하는 데 10년이 걸렸고 《자본》 3권은 엥겔스 자신이 죽기 몇 달 전이 되어서야 출판될 수 있었다.

　그때까지만 해도 충실한 맑스주의자였던 칼 카우츠키[32]가 《잉여가치 학설사》를 출판하는 과제를 맡았다. 이 책은 맑스 이전과 동시대의 저술들에 대한 맑스의 비판을 모은 것이었다. 이 책은 새로운 이론을 더하지는 않았지만 (맑스 사상에

"과학적 사회주의의 옹호자이자
골수까지 유물론자였던 엥겔스는 자신의
재를 그가 가장 좋아한 해안 중 한 곳인
북해에 뿌리라는 지시를 유언장에
남겼다."

서) 몇 가지 모호한 부분들이 개선되어 정리되었다. '위기' 문제가 그런 것인데 나는 맑스와 그의 추종자들이 필요한 만큼 깊이 있게 위기를 연구했다고는 믿지 않는다.

1884년에 엥겔스는《가족, 사적 소유, 국가의 기원》을 출판했는데 이 책은 미국 학자 모건Lewis Morgan의《원시사회》에 대한 맑스의 비판적 분석과 엥겔스 자신의 연구들에 기반을 둔 것이다. 이 책은 사회적 범주들의 역사적 기원을 규명함으로써 사회의 발전을 훌륭하게 설명했다. 사회적 범주들은 특정한 조건에서 시작되고 또 어떤 환경에서는 끝이 난다는 것을 전제로 한다. 모건과 다윈이 조금 앞서서 했던 연구는 변증법적 유물론의 철학적 개념들을 확인해주었다.

1886년에 엥겔스는《루트비히 포이어바흐와 독일 고전철학의 종말》을 썼는데 이 책 또한 스타크Starke가 포이어바흐에 대해 쓴 책[33]에서 연유한 논쟁적 논문들의 결과물이었다.

무엇보다도 엥겔스가 열 가지가 넘는 언어로 주고받은 서신의 양은 엄청나다. 그는 진정한 다多언어 사용자였다. 이런 점에서 그의 작업이 맑스주의에 상당한 기여를 한 사례는 무수히 많다. 더구나 그의 편지들은 그가 프롤레타리아 정당들이 올바른 개념들을 고수할 수 있도록 보장하기 위해 노력했던 철저하게 일관된 혁명가였음을 보여주었다. 그러나 프롤레타리아 정당들은 때때로 개량주의[34]적 사고들에 의해 흔들렸다. 베른슈타인[35]과 엥겔스가 속해 있었던 독일 사민당이 개량주의의 대표적인 주창자였다. 독일 사민주의자들이 개량주의적 사고의 희생자가 되었다는 것은 슬픈 일이다. 왜냐하면 독일 사민당은 권력을 장악할 가능성이 가장 컸던 가장 선진적이라고 여겨진 당이었기 때문이다.

1881년에 제2인터내셔널[36]을 계획적으로 창설하는 것에 대해 엥겔스는 어떤 열광도 드러내지 않았다. 왜냐하면 그는 때가 아직 성숙하지 않았다고 여겼기 때문이다. 그럼에도 기회주의적인 조직이 프롤레타리아트의 등 뒤에서 만들어질 가능성에 직면했기 때문에 제2인터내셔널이 공식적으로 창립된 파리대회의 예비 작업에 참여했다. 제2인터내셔널의 역사적으로 의미 깊은 결의안들 중 하나는 1886년 시카고의 순교자들을 기리는 의미에서 5월 1일을 프롤레타리아트의 국제적 기념일로 선언한 것이다.[37]

그의 눈은 항상 경계하고 있었고 그의 펜은 이론과—우리는 이것을 강조해야 한다—혁명적 입장의 순수함을 지키기 위한 논쟁에 언제든 참가할 준비가 되어 있었다. 그래서 그는 인생의 말년에 《프랑스와 독일의 농민 문제》라는 논문에서 프랑스 사회주의자들을 가혹하게 비판했다. 왜냐하면 그들이 소농들의 열망에 맞추어서 그들의 강령을 고치려 했기 때문이다.

과학적 사회주의의 옹호자이자 골수까지 유물론자였던 엥겔스가 자신의 재를 그가 가장 좋아한 해안 중 한 곳인 북해에 뿌리라는 지시를 유언장에 남기는 낭만적인 몸짓을 했다는 것은 흥미롭다.

그의 죽음으로 원은 닫혔다. 프롤레타리아트의 해방이라는 훨씬 더 큰 실천적 결과를 가지고 레닌[38]이 나타나서야 또 다른 원이 열렸다.

## 체 게바라가 읽은 맑스, 엥겔스 저작 목록

**칼 맑스의 저작**

**《헤겔 법철학 비판을 위하여 서설》**(1844년): 청년헤겔학파의 영향 아래에서 지적 경력을 시작했던 맑스가 헤겔 철학의 관념론적 한계를 비판적으로 극복하려 했던 시도를 보여주는 책이다.

**《경제학 철학 초고》**(1844년, 출판은 1932년): 역시 청년 맑스가 헤겔 철학을 넘어서는 과정에서 나온 책으로 본격적인 경제학 연구를 위한 준비 단계와 철학적 과도기로서의 포이어바흐 연구를 동시에 보여주는 책이다. 청년 맑스 사상의 대표작으로 웨스턴 맑시즘의 인간주의적 맑스주의의 근거를 제공해주었다.

**《신성가족》**(1845년, 엥겔스와 공저): 브루노 바우어를 중심으로 한 청년헤겔학파를 비판하는 텍스트. 헤겔 철학의 신비주의적이고 초월주의적인 한계는 청년헤겔학파의 급진성을 결국 무디게 할 것임을 지적하고 있다.

**《독일 이데올로기》**(1845년, 엥겔스와 공저): 역시 청년헤겔학파를 비판하는 텍스트. 이 책에서는 슈티르느 등의 당시 독일의 이데올로그들의 철학을 비판할 뿐만 아니라 유물론적 역사 해석, 이데올로기의 특성에 대한 성찰을 보여준다. 맑스의 고유한 사상이 발전하는 시기의 저작으로 평가받는다.

**《철학의 빈곤》**(1847년): 프루동의 《빈곤의 철학》에 대한 비판서. 자본주의의 문제를 분배의 불평등으로만 환원하는 아나키즘적 한계를 비판한다. 이는 자본주의에 대한 과학적 인식이라는 맑스의 최대 과제가 왜 필요한지를 알려준다.

**《임금노동과 자본》**(1847년): 임금노동의 발생을 자본주의의 고유한 현상으로 파악하고 자본이 임금노동을 통해 노동자를 착취하는 메커니즘을 분석한다. 비교적 쉬운 방식으로 자본주의에 대한 맑스적 분석을 보여주는 책이다.

**《공산당선언》**(1848년, 엥겔스와 공저): 망명한 독일 노동자들이 만든 공산주의동맹의 강령으로 맑스와 엥겔스가 함께 작성했다. 맑스주의의 기본적인 문제의식과 주장들이 가장 간결하게 담겨 있어서 맑스 생전부터 현재까지 가장 많이 읽히고 가장 큰 영향을 끼친 책이다. 맑스의 저작을 딱 한 권만 읽어야 한다면 반드시 이 책을 꼽을 것이다.

**《프랑스의 계급투쟁 1848~50》**(1850년, 출판은 1895년): 맑스는 봉건사회에서 자본주의 사회로의 이행 과정을 보여주는 프랑스혁명이 자본주의에서 사회주의로의 이행을 위해 참조할 수 있는 사례라고 생각하고 프랑스혁명의 역사적 의미에 대한 분석을 수행했고 그 결과가 프랑스혁명 3부작이다. 이 책은 그 첫 권에 해당한다. 그가 직접 경험했던 1848년 혁명과 혁명의 후퇴를 분석하고 있다.

**《루이 보나파르트의 브뤼메르 18일》**(1852년): 나폴레옹 3세가 되는 루이 보나파르트는 프랑스혁명의 역사적 퇴행의 상징이었다. 맑스는 구지배계급과 신흥 자본가 계급 사이의 세력 균형이라는 특수한 상황을 배경으로 보나파르티즘이라는 예외적 정치 현상이 발생하는 과정을 분석한다.

**《영국의 인도 지배의 장래의 결과》**(1853년, 엥겔스와 공저): 맑스와 엥겔스가 식민지 문제에 대해 언급한 많지 않은 글 중 하나이다. 영국이 인도를 정복할 권리가 있었느냐 없었느냐가 아니라 인도가 영국 문명에게 정복되는 것보다 영국보다 문명이 뒤떨어지는 다른 문명에게 정복되는 것이 더 나은가라는 문제를 다루고 있는 글로 맑스의 유럽 중심적 한계를 보여준다.

**《정치경제학 비판을 위하여》**(1859년): 주저인 《자본》의 전 단계에 해당하는 글이다. 유물론적 역사 이해의 고전적 정의를 제시하고 있다. 여러 사회관계 중에서 생산을 둘러싼 관계가 다른 관계들을 규정한다는 것이 이 책의 기본 명제다. 자본주의 경제체제를 자본, 토지 소유, 임금 노동, 국가, 대외무역, 세계 시장의 순서로 분석한다.

**《포그트 씨》**(1860년): 옮긴이 주 참조.

**《임금, 가격, 이윤》**(1865년, 출판은 1898년): 당시의 경제학자 웨스톤의 임금에 대한 주장을 반박하고 있다. 자본가가 노동자의 임금률을 하락시키려는 경향과 힘을 분석하고 그것을 분쇄할 필요성의 근거를 제시한다.

**《자본 1권》**(1867년): 맑스의 주저.《자본》1권만이 맑스의 생전에 출판되었다. 나머지 2, 3권은 엥겔스가 맑스의 유고를 정리하고 편집해 출판했다. '정치경제학 비판'이라는 부제처럼 자본주의 경제에 대한 과학적이고 비판적인 분석을 과제로 하고 있다.

**《프랑스 내전》**(1871년): 파리코뮌이라는 역사적 사건의 진행 상황과 의미를 기록하고 분석한 책. 맑스는 파리코뮌의 경험을 통해 프롤레타리아 독재와 이행기에서의 국가 문제를 다시 생각해본다.《공산당선언》의 국가관과는 다른 새로운 국가관이 제시되었고 이는 레닌의《국가와 혁명》에서 계승된다.

**《고타강령 초안 비판》**(1875년): 독일 사민당의 고타강령 초안이 라살레주의적 경향으로 기운 것에 대해 비판하고 있다. 특히 자본주의 이후에 새롭게 도래할 공산주의 사회의 원리에 대해 낮은 단계와 높은 단계로 나누어 제시하고 있는데 이는 이후의 공산주의관의 기초 역할을 하게 된다.

**《자본 2권》**(1885년 출판)

**《자본 3권》**(1894년 출판)

**《잉여가치 학설사》**(자본 4권):《자본》4권에 해당하는 책. 맑스와 엥겔스 사후에 칼 카우츠키에 의해 편집되어 출판되었다.

**프리드리히 엥겔스의 저작**

**《정치경제학 비판 개요》**(1844년): 과학적 사회주의의 입장에서 자본주의적 생산양식과 부르주아 정치경제학을 비판한 최초의 시도다. 엥겔스는 자본주의적 사적 소유가 사회 전반의 물질적이고 문화적인 생활의 기반이라고 보고 그것의 비합리성을 드러내고 있다. 이 책은 맑스의 정치경제학 연구에도 상당한 영향을 주었다.

**《잉글랜드 노동계급의 처지》**(1845년): 엥겔스는 이 책에서 자본가에 대한 노동자의 저항은 개인적인 반항에서 시작해 집단적인 폭동의 단계를 거쳐 노동조합으로 단결하는 것까지 발전해왔음을 밝히고 있다. 이를 통해 자본가 계급이 만든 노동자 상호 간의 경쟁이란 구도를 깨기 위해 노동자 계급이 어떻게 단결해왔는지를 역사적으로 잘 알 수 있다.

**《독일 농민전쟁》**(1850년): 엥겔스는 16세기에 일어났던 농민전쟁의 역사를 분석하면서 1848년 혁명과 비교한다. 그는 농민전쟁을 반동적 진영, 개량적 진영과 진정으로 혁명적인 진영 사이의 계급투쟁이라는 관점에서 본다. 그리고 당시의 계급 관계가 19세기 독일의 계급 상황의 뿌리임을 밝히고 있다.

**《독일의 혁명과 반혁명》**(1851~52년, 출판은 1896년): 이 책도 정치투쟁을 계급들의 경제적 이해에 기초를 두고 분석한다. 독일의 1848년 3월 혁명을 소재로 혁명과 국가권력의 문제, 부르주아 민주주의 혁명으로부터 사회주의로의 이행과 노동자 계급의 역할, 무장봉기의 문제를 다루고 있다.

**《주택 문제》**(1872년): 지금 한국 사회에서도 문제가 되고 있는 주택 문제에 대해 엥겔스는 이렇게 말한다. "주택 문제는, 오늘날의 자본주의 사회에 의하여 정점으로 몰린 도시와 농촌의 대립을 지양하는 데 착수할 수 있을 만큼 사회가 충분히 변혁될 때에만 비로소 해결될 수 있다."

**《반뒤링: 오이겐 뒤링 씨의 과학혁명》**(1877년): 19세기 말 독일 사민당 내에서 인기를 끌던 뒤링의 견해를 반박하기 위해 엥겔스가 쓴 책. 당시 맑스주의에 입문하는 이들에게 교과서 역할을 했다. 나중에는 엥겔스가 맑스주의를 속류화, 체계화했다는 근거로 지목되며 비판받게 된다. 하지만 이 책은 맑스와의 공동 작업의 결과물이다.

**《유토피아에서 과학으로의 사회주의의 발전》**(1880년): 좀 더 쉽고 대중적인 맑스주의 입문서용으로 《반뒤링》의 일부를 단행본으로 다시 출판한 책.

**《자연변증법》**(1883년): 자연과학에 많은 관심과 지식을 가지고 있던 엥겔스는 당대의 자연과학의 성과를 맑스주의 입장에서 정리하고자 하는 포부를 가지고 있었다. 하지만 이 책은 나중에 주로 웨스턴 맑시즘 전통에 속한 철학자들에게 맑스주의 변증법을 자연과학적 결정론으로 경직화시킨 증거로 제시되며 스탈린주의의 원천을 제공했다는 비판을 받게 된다.

**《가족, 사적 소유, 국가의 기원》**(1884년): 엥겔스가 당시에 나온 고고학적, 역사적 성과를 기반으로 유물론적 역사 이해의 구체성을 더하기 위해 쓴 책. 국가의 기원에 대한 엥겔스의 견해나 가족의 기원에 대한 역사적 접근은 당시로서는 혁신적이 주장이었고 이후 여성주의 사상에도 많은 영감을 주었다.

**《러시아의 사회관계에 대하여》**(1885년): 엥겔스는 러시아의 봉건적 촌락 공동체인 미르가 자본주의 단계를 거치지 않고 곧바로 사회주의 단계로 이행할 가능성이 있다고 보았다. 하지만 이를 위해서는 서유럽에서 프롤레타리아혁명이 필요하다. 이 문제는 러시아 혁명기에 러시아에서 사회주의 혁명이 가능한가에 대한 논쟁으로 이어졌다.

**《루트비히 포이어바흐와 독일 고전철학의 종말》**(1886년): 독일 사민당 기관지인 《신시대》에 1886년부터 발표한 글을 1888년 단행본으로 출간한 책이다. 엥겔스는 포이어바흐의 유물론을 비판하면서 동시에 독일관념론 철학 일반에 대한 포괄적인 비판을 제시했다. 변증법적 유물론과 역사 유물론의 개념을 정리한 텍스트로 평가받는다.

**《프랑스와 독일의 농민 문제》**(1894년): 당대 유럽의 농민의 실상을 분석하면서 사회주의 이행기에 소농에 대해 어떤 입장을 취할지의 문제를 다루고 있다. 흥미로운 대목은 엥겔스가 이행의 초기에 소농들의 사적 경영과 사적 소유를 협동조합적 소유로 이행시킬 것을 주장하고 있다는 점이다.

## 맑스와 엥겔스 연표

1818    맑스 출생.

1820    엥겔스 출생.

1839    맑스 본 대학과 베를린 대학에서 법학과 철학을 공부.

1841    맑스 박사학위 논문 〈데모크리토스와 에피쿠로스 자연철학의 차이〉 발표.

1842    맑스 《라인신문》의 편집장이 됨.

1843    맑스 파리로 망명. 《독일-프랑스 연보》 제작. 이 연보에 〈유대인 문제에 대하여〉와 〈헤겔 법철학 비판 서설〉 수록.

1844    맑스 《1844년의 경제학-철학 초고》 저술.

1845    맑스 벨기에의 브뤼셀로 추방됨. 〈포이어바흐에 관한 테제들〉 작성.

맑스, 엥겔스 《신성가족》 출판.

엥겔스《잉글랜드 노동자 계급의 처지》출판.

맑스, 엥겔스《독일 이데올로기》저술.

1847　맑스《철학의 빈곤》출판. 엥겔스와 함께 '의인동맹'에 가입.

이 동맹은 나중에 '공산주의자동맹'이 됨.

1848　맑스, 엥겔스《공산당선언》발표. 2월 유럽 전역에서 혁명 발발.

맑스 벨기에에서 추방당해 파리로 감. 파리에서《신 라인신문》의 편집장을 맡음.

1849　맑스 혁명 전복 후 런던으로 망명.

1850　맑스《프랑스에서의 계급투쟁》저술. 정치경제학 연구에 몰두하기 시작함.

1852　맑스《루이 보나파르트의 브뤼메르 18일》발표.

1859　맑스《정치경제학 비판을 위하여》출판.

1864　런던에서 제1인터내셔널 창립. 맑스 독일 담당 서기가 됨.

1867　맑스《자본》제1권 출판.

1869　아우구스트 베벨과 빌헬름 리프크네히트 등이 '독일 사회민주노동당' 창건.

1871　파리코뮌 봉기 발발. 맑스《프랑스 내전》발표.

| | |
|---|---|
| 1875 | 맑스 《고타강령 초안 비판》 저술. |
| 1876 | 제1인터내셔널 공식 해체. |
| 1878 | 엥겔스 《오이겐 뒤링 씨의 과학변혁》 출판. |
| 1880 | 엥겔스 《오이겐 뒤링 씨의 과학변혁》 일부를 편집해 《유토피아에서 과학으로의 사회주의의 발전》 출판. |
| 1883 | 맑스 사망. |
| 1884 | 엥겔스 《가족, 사적 소유, 국가의 기원》 출판. 맑스의 유고를 이용해 엥겔스가 《자본》 제2권 출판. |
| 1889 | 제2인터내셔널 결성. |
| 1891 | 카우츠키 등이 초안을 작성한 《에르푸르트 강령》 발표. |
| 1894 | 엥겔스가 《자본》 제3권 출판. |
| 1895 | 엥겔스 사망. |

# 체 게바라 연표

1928    6월 14일 아르헨티나 로사리오에서 출생했다.

1940    아르헨티나에서는 카스티요 군사정부가 집권했고 쿠바에서는 나중에 카스트로와 체 게바라의 반군에게 쫓겨나게 되는 독재자 바티스타가 대통령이 되었다.

1950    첫 번째 모터사이클 여행을 했다. 아르헨티나 북부 지방을 여행했고 차나르 나환자촌에서 잠시 봉사활동을 하기도 했다. 체 게바라는 몇 번에 걸친 라틴아메리카 여행을 통해 라틴아메리카의 현실을 깨닫게 된다.

1951    3월 과테말라에서는 좌파 성향의 아르벤스가 대통령으로 취임했다. 10월 친구인 알베르토 그라나도와 함께 두 번째 여행을 시작했다.

1952    체 게바라의 정치의식에 큰 영향을 주는 사건들이 일어났다. 과테말라에서는 아르벤스 정부가 토지

국유화를 선포했고, 그해 4월 볼리비아에서는
광부노조가 주도한 혁명으로 에스켄소로 정부가
들어섰다. 체 게바라는 볼리비아 광부들의 노동운동을
라틴아메리카에서 아주 의미 있는 사건으로 여겼다.

1953 아르헨티나로 돌아와 의사 자격증을 취득했다. 같은 해
7월 26일 피델 카스트로가 몬카다 병영을 공격했다가
실패했다. 하지만 이 사건을 계기로 '7월 26일 운동'이라
불리는 조직이 형성되었다. 체 게바라는 볼리비아, 페루,
에콰도르, 코스타리카 등을 거쳐 과테말라에 도착했다.
그곳에서 페루에서 망명 온 일다 가데아를 만나는데
일다는 체 게바라가 맑스주의를 받아들이는 데 큰 영향을
주었고 첫 번째 부인이 된다.

1954 6월 미국이 지원한 쿠데타로 아르벤스 정권이 물러난다.
이 사건을 계기로 체 게바라는 변제국주의 의식과
함께 무장투쟁과 군사조직의 필요성을 절감했다. 또한
라틴아메리카 혁명에서 미국이 가장 큰 장애물이라는
인식을 갖게 된다. 이때부터 자신을 맑스주의자라고
여기게 되었다.

1955 볼리비아에 머무르는 것이 위험해지자 멕시코로 간다.

그곳에서 피델 카스트로를 만나 '7월 26일 운동'에 합류하게 된다. 특히 쿠바 혁명가들 가운데에서도 맑스주의에 가장 가까웠던 피델의 동생 라울 카스트로를 만나 라틴아메리카에서 대중의 지지를 받는 무장투쟁을 통해 권력을 장악하고 이를 통해 자본주의에서 사회주의로 변혁이 가능하다는 생각을 공유한다. 부모에게 보낸 편지에서 "이제 성(聖) 칼은 가장 중요한 존재이며 중심축입니다. 내가 지구상에 머무르는 그 모든 세월 동안도 그러할 것입니다"라고 선언한다.

1956　11월 25일 체 게바라는 군의관 자격으로 82명의 대원과 함께 그란마 호를 타고 쿠바로 출발해서 12월 2일 벨릭 곶에 상륙했다. 쿠바 게릴라 신병들에게 기본적인 맑스주의 교육을 실시했다.

1959　1월 1일 혁명전쟁이 시작된 지 2년 만에 바티스타 정권이 붕괴했다. 체 게바라는 지병인 천식의 악화로 타라라 해변에서 요양하는데 이 시기에 쿠바 사회를 재건할 밑그림을 그리기 시작했다. 부인인 일다 가데아와 딸 일디타가 쿠바에 도착했지만 체 게바라는 게릴라전 동안에 만난 알레이다 마치와 사실상 가정을 이루고

있었고 첫 부인과는 이혼한다. 그해 11월 26일 국립은행 총재로 임명되었다.

1960 《게릴라전》을 출간했다. 미국계 석유회사를 국유화하는 등의 사회주의적 경제 정책을 본격화했고 경제사절단을 이끌고 소련을 비롯한 동구권 국가들을 방문했다.

1961 1월 3일 미국은 쿠바와 외교 관계 단절을 선언했다. 사탕수수 단일 작물에 의존했던 쿠바 경제를 산업화하는 과제를 안고 산업부 장관에 임명되었다. 본격적으로 경제 정책과 맑스주의 경제학 연구에 몰두한다. 4월 17일 유명한 미국의 피그만 침공이 실패로 끝나고 쿠바는 독자적 경제 발전을 더욱 시급히 추진하게 된다.

1963 7월 알제리를 방문하고 아프리카의 혁명의 확산에 관심을 가진다.

1964 12월 국제연합 총회에 참석해 반식민주의를 격렬하게 주장하는 연설을 했다.

1965 소련의 후르시초프 정권이 동서 화합을 명분으로 미국 등 서구 제국주의 국가들과의 관계 개선을 위해 제3세계 민족해방운동에 대한 지원을 중단하자 제3세계 연대회의에서 소련을 맹렬히 비판하는 연설을 했다. 그해

4월 쿠바를 떠나 콩고로 가서 게릴라전을 조직하지만 별 성과 없이 끝나고 탄자니아와 체코의 프라하에 체류한다. 이 시기 동안 소련의 정치경제학을 비판하는 맑스주의 정치경제학에 대한 원고와 그 원고의 일부로 맑스와 엥겔스에 대한 전기적 소개인 이 책을 집필한다.

1966 미주기구 참관인인 50대 남성으로 변장하고 볼리비아에 잠입했다. 이때 호텔에서 변장한 자신의 모습을 찍은 사진이 유명하다. 11월 7일 게릴라 근거지인 냥카우아수에 도착했다.

1967 10월 8일 볼리비아 정부군의 공격을 받고 부상을 입은 채 생포 된다. 그 다음 날인 10월 9일 볼리비아 정부의 지시와 CIA의 묵인 아래 사살되었다.

## 옮긴이 주

**1** 인용부호 안의 말은 알튀세르의 것이다.

**2** 맑스는 1841년 예나 대학에서 철학박사 학위를 받았다. 학위 제목은 《데모크리토스와 에피쿠로스 자연철학의 차이》였다.

**3** 맑스의 얼굴이 무어인처럼 검다고 하여 붙여진 맑스의 별명. 가족들이나 엥겔스는 맑스를 이런 별명으로 친근하게 부르곤 했다.

**4** 당대의 사상가들과는 달리 관념적 역사가 아닌 사회의 현실과 맞닿아 있는 역사를 연구의 대상으로 삼기 시작했다는 뜻이다. 이것이 맑스 사상의 특성이기도 하다.

**5** 아돌프 티에르(Adolphe Thiers, 1797~1877): 프랑스 제3공화정의 초대

대통령. 1871년 프로이센-프랑스 전쟁에서 프랑스가 패한 후 세워진 임시 국민정부의 행정수반을 맡고 있던 아돌프 티에르는 파리의 질서 유지를 위해 국민방위군을 무장 해제시킬 것을 지시했고, 이에 저항한 파리 민중들의 봉기가 파리코뮌으로 이어졌다.

**6** 프랑수아 기욤 기조(Francois Pierre Guillaume Guizot, 1787~1974): 프랑스의 정치가, 역사가. 7월 왕정(1830~48) 때 보수적인 입헌왕당파의 지도자로서 중요한 장관직을 맡았으며, 경쟁자인 자유주의자 아돌프 티에르와 함께 프랑스 정치를 좌지우지했다. 1840년부터 8년 동안 외무부 장관을 지냈으나 1848년 혁명을 계기로 사임했다.

**7** 이 시기에는 역사 유물론이 아직 구체화되지는 못했지만 역사 유물론을 예비하는 사상의 요소들이 섬광처럼 담겨 있었다는 의미다.

**8** 《파리의 신비Les Mysteres de Paris》: 프랑스 작가 으젠느 쉬가 1842~1843년에 걸쳐 발표한 연재소설. 동시대 프랑스의 빈민과 소외 계층들의 처지를 현실적으로 묘사한 작품으로 1848년 혁명에 영향을 주었다.

**9** 프란츠 메링(Franz Mehring, 1846~1919): 19세기 후반 독일 사민당의 좌익 진영 지도자이자 언론인. 1891년 입당하여 사민당의 주간지《새 시대》에 관여해 많은 글을 발표하고, 다른 언론 매체에도 빈번히 기고를 하여 사민당 계열 언론인으로서 입지를 다졌다. 로자 룩셈부르크와 함께 독일 공산당의 선구자 역할을 했다. 체 게바라는 그가 쓴 맑스의 전기에 의존해서 이 책을 쓴 것이다. 따라서 체 게바라는 이후에 밝혀진 새로운 사실들은 잘 알지 못했다.

**10** 오이겐 뒤링(Eugen Duhring, 1833~1921): 실증주의 철학이론을 지지한 프로이센 출신의 대학 강사로 맑스의 변증법을 헤겔주의에 빠진 사변이라고 비난하며 자연과학적 방법론에 기츠한 유물론과 유토피아적 사회주의 사상을 전개했다. 엥겔스는 뒤링의 사상을 속류적 유물론이라 비판하며《오이겐 뒤링 씨의 과학혁명》이라는 제목의 비판서를 출간해 맑스의 변증법적 유물론과 역사 유물론을 요약, 정리했다. 이 책은 당시 사람들에게 맑스주의에 입문하는 교재 역할을 했다.

**11** 청년헤겔학파를 중심으로 한 독일의 관념적인 진보 지식인들을 지칭한다.

**12** 원문에는 "철학적"으로 되어 있다.

**13** 프랑스 철학자 루이 알튀세르(1918~1990)는 그의 저서 《맑스를 위하여》에서 맑스의 저술을 역사적으로 추적해볼 때 1845년을 기점으로 분명한 '인식론적 단절'이 존재했다고 주장했다. 1845년 이전의 맑스는 '소외' 개념에 기초해 철학적 인간주의를 강조했으나 그 이후에는 보다 과학적인 이론을 통해 '사회구성체'의 역사를 분석하는 역사과학을 강조했다고 설명했다.

**14** 프루동(Pierre-Joseph Proudhon, 1809~1865): 프랑스의 아나키즘 사상가. 자신의 사상을 '상호부조주의'로 칭하고 노동자 계급의 자각과 결속을 촉구했다. 대표적 저서 《소유란 무엇인가》를 통해 "소유는 도둑질이다"라고 선언했으며 힘 대신 정의를 가치의 척도로 삼아야 한다고 주장했다. 그는 근대 자본주의 사회를 부등가 교환을 통한 착취가 만연해 있는 사회로 보았다. 그는 자신이 노동한 만큼 받아가야 한다는 노동전수익권설(생산물 가치의 유일한 원천은 노동이므로 그 소득 역시 모두 생산자에게 돌아가야 한다는 주장)의 입장에서 상인과 고리대금업자에 의해 유통 영역에서 자행되는 폭리 추구를 비판했다. 따라서 프루동은 상품 교환 자체가 자본주의의 문제라고 생각하여, 상품 교환을 매개

하는 화폐를 폐지해야 한다고 주장했다. 그리그 그 대안으로 상호은행(인민은행)과 노동화폐를 제안했는데, 이 두 가지 수단을 통해 상인과 고리대금업자의 불로소득을 없애고 부등가 교환을 등가 교환으로 전환하여 교환의 정의를 실현시키려고 했다.

**15** P. V. 안넨코프(Pavel Vasilyevich Annenkov, 1813~1887): 러시아의 문학비평가로 맑스와 개인적으로 아는 사이였다. 1846~1847년 사이에 맑스와 서신 교환을 했다. 그의 정치적 입장은 자유주의자였고 레닌을 비롯한 러시아 사회주의자들에게 큰 영향을 미친 체르니셰프스키 그룹과 대립하는 편에 서 있었다. 투르게네프는 그의 유명한 소설 《첫사랑》을 안넨코프에게 헌정하기도 했다.

**16** 빌헬름 볼프(Wilhelm Wolff, 1809~1864): 독일 브레슬라우의 세습예농 출신의 가정교사, 저널리스트, 브뤼셀 통신위원회 위원, 공산주의자동맹원. 《신 라인신문》 편집위원, 프랑크푸르트 국민의회 브레슬라우 출신 의원을 지냈다. 저서 《슐레지엔의 10억》(1849)에서 토지귀족의 하인·일용직 노동자에 대한 반봉건적 지배와 근대적 경영의 접합에 대해 기술했다. 1846년에 브뤼셀에서 맑스와 엥겔스를 알게 된 이후로 평생의 친구로 지낸다. 볼프는 엥겔스처럼 맑스에게 경제적 지원

을 했는데, 그가 1864년 뇌출혈로 사망하자 맑스에게 600파운드 내지 700파운드(루벨의 추산으로는 800파운드)와 장서 등 당시 기준으로 상당한 금액의 유산을 남겼다. 이 유산으로 비로소 맑스 일가는 경제적 어려움과 빚으로부터 해방되었다. 이에 맑스는 《자본》 독일어판 제1권을 볼프에게 바쳤는데, 이것은 볼프에 대한 감사의 뜻을 표시한 것이라고 한다. 엥겔스도 1876년에 전기 《빌헬름 볼프》를 집필했다.

**17 공산주의자동맹**(der Bund der Kommunisten): 프랑스에는 정치적인 이유로 전제주의적인 독일에서 추방당하거나 자발적으로 망명한 사람들이 많이 생활하고 있었는데, 그중에서 숙련노동자 계층에 속하면서 급진적인 정치지향을 가진 '의인동맹'이란 그룹이 있었다. 공산주의자동맹이란 의인동맹에서 1847년 조직 개편으로 결성된 공산주의자의 비밀결사를 말한다. 그 그룹의 강령적 문서로 출판한 것이 바로 《공산당선언》이다. 1848~49년 혁명 당시에는 맑스가 편집하는 《신 라인신문》이 기관지 역할을 담당했고, 동맹원들은 각지에서 혁명의 선두에 서서 싸웠다. 그러나 혁명 과정에서 점차 조직의 통합성을 잃고 1850년에는 재건된 중앙위원회도 분열되었으며 1851년 쾰른 공산주의자 재판과 동시에 해산되었다.

옮긴이 주

**18** 페르디난드 프라일리그라트(Ferdinand Freiligrath, 1810~1876): 독일의 시인이자 은행가로 초기에는 낭만주의적 경향의 시를 썼으나 점차 급진적이 되었다. 쾰른 시절부터 맑스와 친교를 맺기 시작해서 《신 라인 신문》을 함께 발행했다. 맑스와 마찬가지로 독일에서 추방되어 영국으로 망명했다. 프란츠 리스트의 유명한 가곡인 〈오 사랑하라, 그대가 사랑할 수 있는 한〉이 프라일리그라트의 시에 곡을 붙인 것이다.

**19** 칼 포크트(Karl Vogt, 1817~1895): 독일의 자연과학자이고 19세기 속류 유물론의 대표자 중 한 사람이다. 기센과 베를린 대학에서 의학을 배우고 1847년 기센 대학 교수가 되었으며 1848년 혁명에 참가했다. 그는 혁명 당시 프랑크푸르트 국민의회 좌파의 의원이었고, 자연과학자로서 상당한 정치적 영향력이 있었던 인물이었다. 그 후 스위스로 망명하여 제네바 대학의 지질학, 동물학 교수가 되었다. 1854년 괴팅겐의 자연과학자 집회를 계기로 생리학자 바그너(Rudolf Wagner, 1805~1864)와 유물론 논쟁을 벌였는데, 그는 "사상의 뇌수에 대한 관계는 담즙의 간장에 대한, 혹은 요(尿)의 신장에 대한 관계와 거의 같다"는 견해를 주장했다. 맑스는 《포크트 씨》(1860)에서 그를 비판했는데, 그 이유는 포그트가 《〈알게마이네 차이퉁〉에 대한 나의 소송》(1859)이란 책을 통해 맑스와 그 동지들을 비판했기 때문이다.

**20** 페르디난드 라살레(Ferdinand Gottlieb Lassalle, 1825~1864): 19세기 독일에서 상당한 영향력을 행사하고 정치 세력을 형성한 사회주의자, 노동운동의 지도자다. 브레슬라우(현 브로츠와프)의 부유한 유대인 상인 가에서 태어났고, 1843~45년에 브레슬라우 대학과 베를린 대학에서 공부했다. 1848년 혁명에서 맑스를 알게 되었고 《신 라인신문》의 민주주의 당파에 속해 활동했다. 그는 《공개 답서》(1863)에서 보통 선거권을 국가 원조의 생산협동조합의 실현 수단으로 제기했다. 즉 그는 협동조합을 중심으로 한 노동운동을 추구했는데, 협동조합이 생산수단을 구매해 소유하게 되면 자본주의 모순이 해결된다고 보았다. 이를 위해서는 국가의 재정 지원이 필요하다. 다시 말해 국가와 우호적인 자본가, 노동자라는 삼각 동맹에 의해서 사회주의가 실현될 수 있다는 것이다. 이때 라살레는 국가가 자본가와 노동자 중 어느 편도 아닌 중립적인 존재임을 전제하고, 중립적인 국가의 중재 하에 노동자와 자본가의 계급 타협이 가능하다고 보았다. 이런 구상을 바탕으로 같은 해 5월 라이프치히에서 전독일노동자협회를 결성하여 초대 회장으로서 활동했다. 1864년에 제네바에서 한 여성과의 약혼을 둘러싸고 벌인 결투에서 목숨을 잃었다.

**21** 원문에는 Herakles the Obscure로 되어 있는데 이것은 *Die Philosophie*

*Herakleitos des Dunklen von Ephesos*, Vol. 1 | Vol. 2(The Philosophy of Heraclitus the Dark Philosopher of Ephesus) Berlin: Franz Duncker, 1858. 의 오타이다.

**22** 1861년 프로이센 하원의 다수파를 차지한 자유파 중 좌파 그룹이 결성한 정당이다. 1861년 109석, 1862년 141석, 1863년에는 143석의 의석을 획득하는 등 눈부신 성장을 했고, 제1당으로서 군비 확장을 둘러싼 헌법투쟁에서 의회의 예산심의권을 주장하여 비스마르크와 격렬한 논쟁을 벌였다. 1866년에는 프로이센-오스트리아 전쟁에서 프로이센이 승리하자 비스마르크 지지로 전향하는 당원들이 속출하여 의석이 83석으로 줄어들었다.

**23** 아우구스트 빌리히(August Willich, 1810~1878): 포젠의 귀족 출신 급진주의 활동가다. 중위가 되어 프로이센군의 포병대장을 맡았지만 급진적 언동 때문에 곧 제대했다. 1848~49년 혁명에 참가했으며, 특히 1849년 5월의 바덴 봉기에 가담하여 엥겔스를 부관으로 삼아 의용군을 지휘했다. 혁명이 패배한 후 엥겔스 등과 함께 스위스로 망명했고, 그해 10월 엥겔스의 추천으로 런던에 온 그를 맑스는 공산주의자동맹 중앙위원회 멤버로 맞이했다. 그러나 그 후 맑스와 대립하였으며, 1853

년에는 미국으로 건너가 독일에서의 봉기를 목표로 독일 공화국 수립을 위한 재미 독일인 조직을 확충하기 위해 노력했다. 그는 신시내티를 거점으로 《신시내티 리퍼블리컨》이라는 신문을 발행했다. 하지만 그 사이 그는 목표를 변경하여 미국에서 '보편적 인간성·사회개혁·정치도덕'을 기반으로 한 새로운 정당 결성을 목표로 삼았는데, 남북전쟁이 발발하자 그의 지도로 독일인으로 이루어진 제9오하이오 연대가 몇 시간 만에 창설되었다고 한다.

**24** 체 게바라의 오류, 메리 번즈는 1863년 사망한다.

**25** 체 게바라는 가치법칙의 관철 여부를 자본주의 사회와 공산주의 사회를 구분하는 핵심 기준으로 본다. 따라서 가치법칙의 정립을 맑스 경제사상의 중요한 성과로 평가하는 것이다.

**26** 19세기 중반 유럽에서 노동운동이 활성화되면서 1864년 런던에서 프랑스 노동자들과 영국 노동자들이 결합해 오랜 준비 끝에 만든 단체. 정확한 명칭은 '국제노동자연맹'인데 이것을 줄여서 인터내셔널이라고 많이 불렀다. 이 단체의 강령과 규약을 작성하는 작업이 당시 인터내셔널에서 독일 대표 역할을 했던 맑스에게 맡겨진다. 잠정 강령과

규약에는 《공산당선언》의 내용이 많이 반영되었다. "노동자 계급의 해방은 노동자 계급 스스로의 과제", 즉 노동자 계급이 독자적으로 해방의 주체가 될 수 있다는 혁신적인 내용이 포함되었다. 또 인터내셔널은 노동자 계급의 국제주의를 표방했다. 인터내셔널의 사회주의자들은 노동자 계급은 어느 나라에 있든 간에 이해관계가 동일하기 때문에, 노동자 계급의 연대가 민족적 연대보다도 강할 것이라고 믿었다. 그러나 인터내셔널 초기 다양한 정치적 입장을 가진 세력들이 혼란스럽게 공존하고 있었고, 이후 혼란이 정리되면서 맑스주의와 프루동주의, 이어서 맑스주의와 바쿠닌주의라는 두 큰 흐름의 대립이 있었다. 전자의 경우 정치적 행동이란 개념을 둘러싸고 논쟁했는데 맑스는 국가권력 장악을 당면 과제로 주장하였고, 프루동주의는 국가권력 장악을 거부하고 더 나아가 국가제도 자체를 부정했다. 바쿠닌주의자와의 대립 과정에서 이론 싸움이나 정치적 노선 싸움을 떠나서 지저분한 정략적 싸움이 벌어졌고 결국 1876년 조직이 해체되었다.

**27** 영국 노동자 계급이 개량적이었기 때문에 제1인터내셔널을 지지하지 않았고 그 이유는 영국 제국주의의 경제적 이익의 일부를 나누어 받았기 때문이라는 의미다.

**28 프랑스-프러시아 전쟁(1870~1871):** 프러시아의 지도 아래 독일 통일을 이룩하려는 비스마르크의 정책과 그것을 저지하려는 나폴레옹 3세의 정책이 충돌해 일어난 전쟁. 프랑스의 나폴레옹 3세가 먼저 선전포고를 해서 시작되지만, 실제로는 비스마르크가 전쟁을 유도하기 위해 꾸민 음모에 나폴레옹 3세가 넘어가게 되면서 전쟁이 시작되었다고 알려져 있다. 프랑스가 크게 패했고 나폴레옹 3세는 세당 전투에서 포로가 된다. 그 과정에서 파리코뮌 봉기가 일어났다.

**29 파리코뮌:** 프랑스-프러시아 전쟁 직후 1871년 3월부터 5월 사이에 일어난 파리 시민과 노동자들의 봉기에 의해 수립된 혁명적 자치정부. 전쟁 패배의 결과로 수립된 프랑스 임시정부가 굴욕적인 강화조약을 비준한 것에 반대하며 정규군과 국민방위군 사이의 연합을 통해 임시정부를 몰아내고 최초의 노동자 자치정부를 세웠다. 코뮌은 짧은 기간에 징병제와 상비군의 폐지 및 인민에 의한 국민군의 설치, 집세 미지불 분의 일시 연기, 관리 봉급의 최고액 결정, 교회 재산의 국유화, 공장주가 버리고 간 공장에 대한 노동조합의 관리, 부채의 지불 유예와 이자 폐기, 노동자의 최저생활 보장 등 여러 가지 정책과 법령을 공표했다. 이후 프러시아와 결탁한 프랑스 정부군이 파리로 진격하여 '피의 일주일'이란 7일간의 시가전이 벌어졌고, 끝내 코뮌이 붕괴되는

데 이 과정에서 3만 명의 시민이 죽고 많은 사람들이 처형당하거나 유형당했다.

**30** 1848년 6월 파리 노동자 봉기: 프랑스의 제2공화정 하의 파리에서 1848년 6월 23일부터 26일에 걸쳐 발생한 민중 봉기. 2월 혁명 이후 임시정부는 실업구제 대책으로 파리에 국립공장을 세우는 등 초기에는 노동자들의 요구를 흡수하고자 했으나, 4월 선거에서 부르주아 공화파가 승리하면서 점차 노동자들이 정치 무대에서 배제되기 시작했다. 결정적으로 국립공장을 폐쇄하는 조치가 취해지면서 이에 저항하는 파리 노동자들의 봉기가 시작되었다. 맑스는 이를 근대 사회를 양분하는 부르주아지와 프롤레타리아트 간의 최초의 대전투라고 지적했다.

**31** 고타강령: 19세기 후반 독일에는 집단적인 형태의 노동운동이 본격적으로 생겨나기 시작했는데, 라살레의 사상에 근거한 '전독일노동자협회'와 맑스의 사상에 근거한 '아이제나흐 파'가 대표적인 세력이었다. 통일된 노동운동을 위해 1875년 두 당이 '독일 사회민주당'으로 합당되었고, 이는 세계 최초 대중 정당이자 사회주의 정당이었다. 고타강령은 통합대회가 열린 곳의 지명을 딴 새로운 당 강령이었다. 강령의 내용이 자신들의 입장보다 라살레 파의 입장이 더 큰 비중을 차지한

것에 불만을 표시하며 맑스와 엥겔스가 쓴 것이 《고타강령 초안 비판》
이다. 라살레의 사상이 국가주의에 경도되어 있다는 점에서 이 저작은
맑스주의와 국가주의 사이의 전선을 드러내준다고 볼 수 있다.

32 칼 카우츠키(Karl Johann Kautsky, 1854~1938): 맑스 사후 엥겔스의
지지를 받아 독일 사민당의 핵심 이론가로 자리 잡았다. 1891년 베벨,
베른슈타인과 함께 《에어푸르트 강령》을 작성했으며, '수정주의 논쟁'
이 시작되자 베른슈타인의 비판자로 정통파의 지위를 자임하게 된다.
1917년에 러시아 10월 혁명이 발발하자 볼셰비키 혁명을 비난했고,
레닌과 격렬한 논쟁을 벌인 후 '배신자 카우츠키'라는 말을 듣기에 이
른다. 말년까지 볼셰비키 비판에 매달리다 망명지에서 사망했다.

33 스타크(C. N. Starke)가 쓴 《루트비히 포이어바흐》가 포이어바흐를 관
념론자로 해석하고 있다는 취지로 비판적 논평을 한 것이 이 책의 집
필 계기다. 원문에는 Starkey라고 되어 있는데 이는 Starke의 오기다.

34 1889년 제2인터내셔널이 창립된 후 독일 사민당은 노동운동이 힘
들여 이룩한 성과를 모험적인 전술로 잃어버릴지도 모른다는 두려
움 때문에 수정주의 노선을 걷게 되었다. 이 수정주의 노선의 출발점

은 현실적이고 합법적인 틀 안에서 온건한 방식으로 투쟁해 지배계급과의 충돌을 피하자는 것이다. 문제는 이런 방식의 투쟁만을 주장하고 혁명적 실천을 배제하자는 것인데, 이런 입장을 개량주의라고도 부른다. 개념적으로 수정주의와 개량주의는 구분된다. 전자는 맑스주의의 기본 원칙들 중 일부가 더 이상 현실에 적합하지 않다고 보고 원론적 입장 자체의 수정을 주장하는 입장이다. 후자는 전술적 개념으로서 무장봉기나 총파업 같은 혁명적 전술이 아니라 일상투쟁, 경제투쟁, 무엇보다도 의회 전술을 사용할 것을 주장하는 입장이다. 그러나 현실적으로는 수정주의자와 개량주의자가 대부분 같은 사람들이어서 두 용어가 별 구별 없이 사용된다.

**35** 에두아르트 베른슈타인(Eduard Bernstein, 1850~1932): 독일의 사회주의 정치인이며 이론가. 수정주의적 맑스주의와 그것을 계승한 20세기 사회민주주의의 기초를 마련한 인물이다. 맑스 이론의 영향력을 유지시키면서 수정하는 것이 그의 의도였지만, 사실상 그의 작업은 맑스주의의 기본 전제 자체를 부정하는 것이었다. 폭력에 대한 불신, 이론의 경시, 혁명적 단절보다 지속적 발전을 강조하는 태도가 그 특징이다. 이후 그의 수정주의는 로자 룩셈부르크 등에 의해 철저하게 비판받았다.

**36 제2인터내셔널**: 19세기의 마지막 10년부터 제1차 세계대전 초까지 유럽 노동운동의 이데올로기·정책·방법에 큰 영향을 끼친 사회주의 정당과 노동조합들의 동맹으로, 1889년에 창립되었다. 제2인터내셔널이 활동한 시기는 맑스주의의 황금기라고 불리며, 오늘날 존재하는 맑스주의의 여러 분파들이 갈라지기 시작한 분기점이 되기도 했다. 맑스주의에 입각한 노동운동이 유럽 대륙에서 큰 규모로 존재하게 되었다는 것이 이 시기의 특징이다.

**37 메이데이의 기원**: 메이데이는 전 세계 노동자들의 연대와 단결을 상징하는 기념일이다. 1886년 5월 1일에 발발한 미국의 총파업이 기원이다. 시카고에서 8만여 명의 노동자와 그 가족들이 '하루 8시간 노동' 쟁취를 위해 총파업에 돌입했다. 경찰의 발포로 어린 소녀를 포함한 노동자 6명이 사망했고, 이에 격분한 군중 30만여 명이 헤이마켓 광장에 모여 집회를 열었다. 그때 광장에서 폭발이 일어났고, 집회 주도자 8명이 폭동죄로 체포되어 사형된다. 그로부터 7년 후에 이 사건이 노동운동 탄압을 위해 조작된 사건이라는 사실이 밝혀졌다. 1889년 7월 파리에서 개최된 제2인터내셔널 창립대회에서는 1890년 5월 1일을 '노동자 단결의 날'로 정해 8시간 노동 쟁취를 위한 단결 시위를 선언했으며, 그 후 120여 년 동안 메이데이의 전통이 이어져 내려오고 있다.

옮긴이 주

**38** 레닌(Vladimir Illich Lenin, 1870~1924): 러시아 및 국제노동운동의 지도자이며 맑스주의자로서 제1차 러시아 혁명, 1917년 2월의 부르주아 민주주의 혁명, 그리고 같은 해 10월 사회주의 혁명을 지도했고, 소비에트연방국가(소련)를 세웠다. 레닌은 맑스, 엥겔스가 사망한 후 맑스주의를 창조적으로 발전시키는 데 공헌했다. 많은 저작들 중에서 《제국주의론》(1916)은 맑스에 이어 자본주의 생산양식을 분석해내고 제국주의 단계의 정치와 경제를 지배하는 법칙을 명확히 밝혔다. 그리고 제국주의 단계에서 자본주의 발전의 불균등성으로 인하여 사회주의 혁명은 모든 자본주의 국가에서 동시에 일어나는 것이 아니라 일국 또는 몇몇 국가에서 일어나 승리하는 것임을 증명하려고 했다. 체 게바라는 레닌의 제국주의 이론에 큰 영향을 받았다.

**해제**

# 진짜 체는 누구인가

한형식

맑스주의자로서 체 게바라의 모습

많은 이들이 체 게바라를 존경하고 찬양하고 사랑하며 그리고 소비한다. 하지만 모두가 자신들의 방식으로 그렇게 한다. 대중들이 생각하는 체는 각각의 경우마다 너무나 다른 모습이어서 체가 실존했던 인물이 아니라 각자가 자신의 바람을 체라는 이름에 투사한 가공의 인물인 것처럼 보이기까지 한다. 진짜 체는 누구인가?

책을 번역하면서 최근 몇 년 사이에 나온 체에 대한 연구 목록들을 대충 훑어보았다. 2000년대 중반부터, 특히 2008년 금융위기 이후 체에 대한 관심이 다시 고조되고 있다는 사실이 흥미로웠다. 이런 최근의 연구들은 그가 죽은 지 수십 년이 지나도록 잘 이야기되지 않았던 체의 면모를 주로 조명하고 있다. 그것은 바로 맑스주의자로서 체 게바라 그리고 맑스주의에 입각한 구체적 경제 정책의 고안자이자 실행자로서 체 게바라다.

한국에서도 체 게바라는 잘 팔리는 상품이다. 한국 사회에서 체가 소비되는 방식도 세계의 다른 나라들과 크게 다르지 않아 보인다. 특히 서구에서처럼 한국에서도 체를 맑스주의자로 진지하게 받아들이는 이는 찾아보기 힘들다. 나 자신조차도 체 게바라가 맑스주의에 대해 알긴 했을까 하는 선입견을 가지고 있었다. 이 책은 체 게바라 스스로의 목소리로 이런 오해를 불식시킨다.

낭만적 혁명가 혹은 몽상적이지만 비현실적인 급진주의자라는 널리 유포된 체 게바라의 이미지는 맑스주의 경제학자로서의 체의 모습과 어울리지 않는다는 선입견을 가지기 쉽다. 그러나 체의 사상은 그의 삶과 그가 의지했던 이론과 그 이론에 근거하지만 끊임없이 현실 속에서 검증받는 혁명적 실천이 하나로 통일되기를 지향하는 것이었다. 체의 다양한 면모들을 분리시키거나 한 모습으로 다른 모습들을 환원시키는 접근 방식은 그의 사상과 어울리지 않는 것이다. 게다가 그의 삶과 사상과 실천에서 핵심적인 지위를 차지했던 경제학자, 경제 정책 실무자로서의 면모를 지금껏 주목하지 않았다는 것은 그에 대한 오해를 확산시킨 커다란 원인일 것이다. 최근의 체에 대한 재조명은 신자유주의 그리고 자본주의 자체를 넘어선 새로운 대안을 꿈꾸는 이들에게 체의 경제사상이 많은 영감을 주기 때문임을 주목해야 한다.

이 책은 체가 콩고에서의 혁명운동이 결국 실패한 뒤에 탄자니아와 체코 프라하에 머물면서 볼리비아에서의 마지막 실천을 준비하던 시기에 쓴 것이다. 그리고 이 원고는 소련에서 나온 1963년판 정치경제학 편람에 대한 비판적 논평과 함께 작성되었다. 체가 그의 짧은 생애의 끝부분에서 소련의 공식적인 정치경제학과 경제 정책에 거리를 두려고 했던 이유는 무엇일까? 맑스주의자로서 체의 발전 과정을 살펴보면서 이 물음에 답해보자.

## 공부하는 혁명가

체는 1960년 8월 19일에 한 연설에서 그가 맑스주의자가 된 계기를 이렇게 설명했다. "내가 여행했던 곳들의 환경 때문에 나는 가난, 굶주림 그리고 질병을 가까이에서 접하게 되었다. 돈이 없어서 아이를 치료할 수도 없었고 아이들은 계속되는 굶주림과 벌로 마비상태가 되어 있었다." 그는 독서와 관념적 급진화를 통해서가 아니라 라틴아메리카 현실과 생생하게 만나면서 자연스럽게 맑스주의로 나아갔다.

체는 쿠바혁명의 다른 지도자들보다 더 일찍 맑스주의자가 되었다. 그가 온전히 맑스주의자가 된 때가 1954년 과테말라 시기라는 점에는 의견이 일치한다. 그는 당시 과테말라의 맑스주의 운동 세력과 그 일원이었던 첫 번째 부인 일다 가데아Hilda Gadea의 영향으로 맑스와 레닌의 저작을 본격적으로 공부했다. 이 시기에 그를 알았던 사람들의 증언에 의하면 체는 맑스의 저작들을 상당히 많이 읽었고 맑스주의적 사고방식을 가졌다고 한다.

또한 1954년 과테말라의 군사 쿠데타 과정에서 미국의 독점자본인 유나이티드 푸르트United Fruit와 그 회사와 밀접한 관련이 있었던 덜레스가 책임자였던 CIA의 역할을 알게 되면서 제국주의 문제에 직면한 것도 맑스주의로의 전환에 큰 영향을 주었다. 과테말라뿐만 아니라 라틴아메리카 전역에서 일어났던 미국이 사주한 군사 쿠데타에 의해 민간 정부가 전복된 일들은 체를 비롯한 많은 라틴아메리카 운동가들에게 무장투쟁이 필요하다는 생각을 자연스럽게 갖게 만들었다. 따라서 체의 맑스주의는 처음부터 반제국주의적 관점을 분명하게 가지고 있었다.

과테말라의 쿠데타 이후 건너간 멕시코에서 체는 더욱 공고한 맑스주의자가 되었다. 그곳에서 만난 쿠바의 '7월 26일 운동'의 구성원들에게 맑스의 저작들로 공부하기를 권한 것도 체 게바라였다. 그는 처음부터 쿠바혁명을 맑스주의의 관점에서 해석하고 발전시키려 했다. 체가 카스트로의 쿠바혁명에 동참한 초기에는 그들과 맑스주의자로서 동일한 입장을 가지고 있었다기보다는 혁명전쟁에 대한 전술적 측면에서 더 많은 일치점을 가지고 있었다. 체는 라틴아메리카의 민족개량주의, 특히 선거를 통한 개량 노선에 대해 아주 비판적이었다. 그는 부르주아 주도의 소위 민족민주혁명을 거부했다. 이것이 그가 게릴라전을 선호한 이유다. 그는 농민과 노동자의 동맹에 근거한 사회주의 혁명단이 라틴아메리카를 영구적으로 해방시킬 수 있다고 확신했다. 그리고 부르주아 국가의 군사적, 관료적 장치를 넘어서기 위해서는 혁명전쟁만이 길이라고 생각했다.

## 라틴아메리카의 현실을 반영한 맑스주의

체의 사상과 실천 중에서 라틴아메리카 운동에 가장 큰 영향을 미친 것은 혁명전쟁에 관한 것이다. 특히 게릴라 전투의 포코 foco(게릴라 거점) 전술은 체 노선의 대명사처럼 인식되어 왔다. 그는 사회주의 혁명과 혁명의 캐리커처, 즉 혁명과 혁명의 희화화로서의 개량주의 사이에서 양자택일만이 가능하다고 생각했다. 이것은 단계론적 혁명관에 대한 비판의 의미도 가진다. 라틴아메리카에서 소련의 공식 노선이 제시한 부르주아 민주주의 혁명과 그 뒤를 이은 사회주의 혁명이 순차적으로 일어나야 한다는 생각을 거부한 것이다. 중앙아메리카 나라들에서는 게릴라 투쟁 노선이 상당한 성공을 거두기도 했다. 니카라과, 엘살바도르, 과테말라가 그 사례들이다.

하지만 그의 혁명전쟁관은 명백한 한계도 가진다. 비록 그가 민주적 국가에서 무장투쟁이나 맹목적인 테러는 반대했지만 혁명전쟁을 무장 게릴라 투쟁으로 그것도 포코의 핵심 집단의 투쟁으로 환원시키는 경향이 뚜렷했다. 이 노선을 이어받은 라틴아메리카의 수많은 시도들 중에는 무자비한 군사적 탄압에 의해 괴멸된 운동들이 더 많았던 것이 사실이다. 하지만 멕시코의 차파티스타의 경우처럼 그의 혁명 사상은 라틴아메리카의 급진적 운동 속에 여전히 살아 있다.

체가 무장혁명에 대한 자신의 경험을 바탕으로 군사전술의 교범이자 정치노선의 표명을 위해 저술한 《게릴라전》에는 체 게바라 맑스주의의 특이한 측면 또한 담겨 있다. 그는 맑스주의의 정통 노선과는 달리 조직 노동자가 아니라 가난한 농민들을 라틴아메리카에서 가장 혁명적 계급으로 설정했다. 이것은 라틴아메리카의 구체적 실상을 반영한 것이고 체의 사상에서 맑스주의 이론과 라틴아메리카의 현실의 변증법이 나타나는 지점이다.

## 이론과 실천, 말과 행동의 통일

체의 맑스주의는 반교조주의적 성격을 분명하게 가지고 있었다. 맑스와 엥겔스가 라틴아메리카 독립 영웅인 볼리바르에 대해 했던 평가나 맑스와 엥겔스가 당대의 멕시코에 대해 행했던 분석이 부적절하다고 평가한 점에서도 알 수 있듯이 체는 맑스주의가 무오류의 교의라고 결코 생각하지 않았다. 그는 또한 맑스주의의 현학적이고 이론주의적인 경향이 맑스주의 철학의 발전을 가로막는다고 생각했다. 그가 보기에 맑스주의는 영원한 진리인 거창한 체계가 아니라 혁명적 행동을 위한 지침의 역할을 해야 했다. 그러므로 구체적인 현실에 기반을 둔 맑스-레닌주의의 창조적 발전이 그에게는 필요했다.

반교조주의적 맑스 이해는 대중의 혁명의식에 대한 그의 생각과도 연관이 된다. 체는 혁명을 위한 교육은 위에서 아래로 행해질 수 없다는 믿음을 가지고 있었다. 그는 위에서 진리라고 결정한 맑스주의를 민중이 교조적으로 받아들이는 행태에는 관심이 없었다. 이런 생각은 근본적으로 맑스주의가 이론과 실천, 정치적 노선과 실존적 삶의 통일을 지향해야 한다는 체의 생각에서 나온 것이다. 체에 대한 수많은 오해와 편견들 그리고 일면적 해석들 뒤에 있는 진짜 그의 모습은 이론과 실천, 말과 행동의 통일을 이루려 한 엄격하고 일관된 인간이다. 이런 그의 삶과 사상은 세상을 이해하기 위한 것이 아니라 혁명의 대의에 온전히 자신을 바침으로써 세상을 변화시키기 위한 것이었다.

체에게 진정한 맑스주의는 인간주의를 배제하지 않는 것이었다. 그가 쿠바혁명을 통해 실현하려고 했던 맑스주의도

인간주의적인 것이었다. 그는 산업부 장관 시절인 1964년에 했던 어느 대담에서 이렇게 말한 바 있다. "(쿠바혁명이 건설하고자 했던 것은) 인간이 중심에 놓이고, 혁명의 핵심 요인으로서의 인간의 인격이 중요하게 고려되는 맑스주의적 사회주의다." 그래서 그의 맑스주의는 자본주의 특히 제국주의가 초래한 인간의 비참, 가난, 착취, 억압과 맞서 싸우는 행위의 지침이 되어야 했다.

경쟁과 개인주의를 넘어선 '새로운 인간'

체는 경제에 대한 대논쟁이 진행되던 무렵인 1963년과 1964년 동안 맑스의 초기 저작인 《경제학 철학 초고》를 관심 있게 읽었다. 체는 그 책이 한계를 가지고 있음에도 공산주의를 사회적 존재로서의 인간의 해방과 인간소외를 초래하는 모순에 대한 해결책으로 다룬다는 점에서 중요하게 평가했다. 또 《자본》이 순수하게 과학적이고 반인간주의적이라는 평가에 대해 반대했다. 반대로 자본주의의 반인간적 측면에 대한 비판이 《자본》의 핵심 테마라고 그는 보았다. 더 나아가서 체는 맑스주의적 휴머니즘과 나쁜 의미에서의 휴머니즘,

즉 기독교적 휴머니즘이나 부르주아의 자선적 휴머니즘을 구별한다. 그런 휴머니즘들이 모두 계급을 초월하는 관점인 반면에 그와 맑스의 휴머니즘은 계급적 관점에 입각한 것이라는 점에서 구별된다. 그리고 체의 관점에서 인간의 해방은 혁명을 통해서만 실현될 수 있는 것이다. 이런 체의 휴머니즘은 공산주의 윤리에 대한 강조와 사회주의로의 이행 과정과 혁명 이후 사회에서 '새로운 인간el hombre nuevo'에 대한 강조로 구체화된다. 새로운 인간은 경쟁과 개인주의를 넘어선 이타주의적 헌신의 인간이다.

그의 윤리적 맑스주의와 새로운 인간이라는 개념은 그의 경제사상과 함께 이해되어야 한다. 체는 시장사회주의자들과의 논쟁을 통해 자본주의의 낡은 수단을 가지고는 사회주의로 갈 수 없음을 강조했다. 체가 시장적 요소에 대한 대안으로 내세운 것이 계획경제에 대한 열렬한 옹호와 새로운 인간에 입각한 인간주의적이고 윤리적인 맑스주의다. 그가 혁명가로서의 삶을 산 기간이 길게 보아도 13~14년 정도이고 그 가운데 5~6년을 쿠바의 국립은행장과 산업부 장관으로 지냈다. 실제로 게릴라전에 참여한 시간보다도 더 긴 시간을 경제정책을 만들고 실행하는 데 보낸 것이다. 그런데도 그 부분이 그의 삶에서 거의 언급되지 않고서 40여 년이 흘러왔고 신자유주의의 위기가 본격화되는 무렵에 와서야 다시 조명되기 시작한다는 것 자체가 의미심장한 일이다. 이제 체의 경제사상과 실천이 체의 인간주의적 맑스주의와 어떻게 종합되는지를 살펴보자.

쿠바혁명과 인간주의적 맑스주의

쿠바혁명이 성공할 무렵 사탕수수와 그 부산물이 쿠바 수출의 86퍼센트를 차지했다. 이 가운데 80퍼센트가 미국으로 수출됐다. 동시에 쿠바는 자본재 수입의 95퍼센트를 포함한 거의 모든 수입이 미국에서 오는 것이었다. 미국은 연간 사탕수수 수출 물량을 할당해 쿠바 경제를 미국에 완전히 종속시킬 수 있었다. 그리고 이 경제적 지배가 유지될 수 있도록 바티스타 독재정권을 정치적, 군사적으로 지원했다.

혁명 이후 쿠바는 미국 주도의 경제봉쇄 조치에 직면했고 경제적으로 살아남기 위해서는 사탕수수 단일작물 재배에 의존하는 경제를 산업화할 필요가 있었다. 동시에 미국에만 수출하던 사탕수수를 1949년에 소련과 동유럽 사회주의 국가들이 주축이 돼 설립된 경제상호원조회의CMEA 회원국들로 돌려야 했다. 이 과제를 체가 주로 담당했다.

1959년 혁명 이후 체가 직면했던 문제는 제국주의의 수탈로 저개발과 독점자본이 혼재된 쿠바 경제를 사회주의로 이행시키는 과정에서 자본주의적 메커니즘에 의지하지 않고 생산 능력과 노동 생산성을 높일 수 있는 방법을 찾는 것이었다. 그는 "공산주의를 건설하기 위해서는 새로운 물질적 토대와 동시에 새로운 인간을 만드는 것이 필수적"이라고 생각했다. 새로운 물질적 토대는 중앙집중적 계획경제의 강화를 통해 자본주의적 가치법칙이 더 이상 작동하지 않는 경제 구조를 만드는 것이다. 이를 위해서는 새로운 조직과 관리 기법이 필요하다. 하지만 체가 생각하기에 경제적 측면은 독자적인 법칙이 관철되는 자율적인 영역이 아니다. 가격, 분배, 생산은 경제적 효율성이라는 관점보다는 사회적, 윤리적, 정치적 기준에 근거해 결정되어야 한다. '새로운 인간' 개념이 도입되는 것이 바로 이 지점이다. 그의 윤리적, 인간주의적 맑스주의는 쿠바의 새로운 사회주의 경제 건설의 길과 하나로 이어진 것이었다.

《체 게바라, 혁명의 경제학》을 쓴 헬렌 야페의 견해에 따르면 금융 분야에 대한 전문 지식이 없던 체 게바라가 국립은행 총재에 임명된 것은 그가 쿠바 경제의 자립을 위해 혁명 정부가 나아갈 길은 사회주의일 수밖에 없다는 확고한 의지를 가지고 있었기 때문이었다. 체 게바라는 은행 국유화 작업을 우선적으로 추진했다. 그는 이를 통해 "무엇보다 시급한 농업 개혁과 산업화가 국내에서 일어날 수 있는 사보타주나 장애들에 구애받지 않고 효과적으로 추진될 수 있을 것"이라고 생각했다. 그는 국립은행을 재편해 농업 대출, 산업과 상업 대출, 수입과 대외무역 독점에 역량을 집중하려 했고 이는 사회주의적 계획경제의 틀을 놓는 필수적 작업이었다.

체가 중앙은행장에 임명될 때 경제학자를economist를 공산주의자로communist로 잘못 알아들었다는 일화가 널리 유포되어 있다. 이 일화는 거의 사실이 아니고 사실이라 하더라도 체와 쿠바혁명 세력이 경제를 하찮게 여겼다는 증거는 결코 되지 못한다. 출처와 사실 여부가 불확실한 이 일화의 유포는 혁명에서 경제 정책의 중요성과 체 게바라가 계획경제의 강력한 옹호자였음을 애써 무시하려는 의도와 공산주의자와 경제학자의 양립을 상상할 수 없는 신좌파적 편견의 산물일 뿐이다. 이런 해프닝의 결과로 체가 중앙은행장이 되었다면,

그의 임명 소식에 뉴욕 주식시장이 요동치고 외국 자본가들이 쿠바에서 투자금을 대규모로 회수하는 일이 일어났겠는가? 당시 미국 정부가 쿠바혁명이 사회주의적 성격을 가졌다고 판단한 근거로 체를 지목했다는 사실을 기억해야 한다.

1961년 2월, 게바라는 산업부 장관으로 자리를 옮긴다. 당시 동구권 국가들은 소련이 개발한 경제관리시스템을 도입했는데, 이 시스템은 국유화와 중앙계획경제를 기본으로 하면서도 생산력 발전을 위해 어느 정도의 자본주의적 요소, 특히 경쟁과 물질적 인센티브 그리고 경제 주체들의 자율성을 허용하는 것이었다. 쿠바에서 이 시스템은 자율재정시스템 AFS으로 불렸다. 체는 상품, 시장적 기준, 관리자의 경제적 특권, 경쟁 등에 단호하게 반대했다. 왜냐하면 자본주의를 극복하기 위해 자본주의의 낡은 수단을 사용해서는 안 된다고 생각했기 때문이다. 그는 소련식 시스템에 반대해 쿠바에 대안적인 경제관리 시스템을 도입했다. 예산재정시스템BFS이라는 이 경제관리 시스템은 혁명 이후 국유화한 미국의 독점자본 기업들의 선진 생산관리 기법을 연구한 결과 만들어진 독특한 경제관리 시스템이었다.

1963~1965년 동안에 전개된 '대논쟁'은 이 두 시스템 중

에서 어떤 것을 지지하느냐에 따라 나뉜 집단 간에 벌어진 논쟁이었다. 논쟁의 핵심은 가치법칙이 사회주의 사회에도 여전히 관철되느냐는 것이었다. 소련의 공식 입장은 가치법칙의 존속을 인정했고 체는 가치법칙의 완전한 철폐가 사회주의 건설의 핵심 조치라고 주장했다. 가치법칙을 종식시키기 위해 급진적인 중앙집중적 계획경제와 경쟁 및 인센티브에 대한 거부가 필요했다. 달리 말해 이 논쟁은 경제를 수익성에 따라 조직할 것인가 사회적 필요에 따라 조직할 것인가의 논쟁이기도 했다.

체는 자본주의에서 공산주의로 넘어가는 이행기로서 사회주의 단계에서는 생산력 발전만큼이나 공산주의 사회에 필요한 인간 의식과 사회관계를 정착하는 것도 중요하다고 생각했다. 체는 소련의 노선이 "'성공'이냐 '실패'냐를 재단하기 위해 성장률이나 생산성에만 초점을 둘 뿐 철학적 또는 정치적 측면들에는 무관심하다"고 보았다. 그는 1963년의 인터뷰에서 이렇게 말했다. "나는 공산주의적 도덕, 사기, 의욕이 없는 경제적 사회주의에는 관심이 없다. 우리는 가난과 싸우고 있다. 하지만 동시에 소외와도 싸우고 있다. (……) 만약 공산주의가 의식으로부터 분리된다면 그것은 분배의 한 방법일 수는 있지만 더 이상 혁명적 도덕은 아니다." 그는 1964년 말 모스크바 방문 이후 동유럽에서 시장 법칙의 영향력 확대가 경제 발전을 지체시킨다고 비판했다. 또 자본주의적 수단에 의지한 이행기 전략은 자본주의로의 후퇴를 초래할 수 있다고 경고했다. 불행히도 이 경고는 30년이 채 안 되어 현실사회주의의 붕괴와 급속한 자본주의화로 실현되었다.

체가 소련의 경제 노선과 거리를 둔 것은 반제국주의 투쟁과도 밀접한 연관이 있었다. 후르시쵸프의 소련 정권은 서방과의 관계 증진을 위해 식민지 민족해방 혁명에 대한 지원을 중단했다. 서구의 좌파들은 대체로 긍정적으로 평가하는 소위 '데탕트'를 제3세계 좌파들은 극렬히 비판하는 데는 이러한 배경이 있다. 체가 1965년 2월에 반제민족해방운동들을 지원하지 않는 소련을 "제국주의의 공범"이라고 비판하는 연설을 한 것도 같은 이유에서다. 이런 상황에서 소련에 의존하지 않고 소련과는 다른 사회주의 건설의 모색이 절실했던 것은 당연한 일이다.

## 계획경제를 다시 생각하라

현실사회주의의 붕괴 이후에 계획경제는 관료제와 위로부터의 계획이 초래하는 권위주의와 연결된 비효율적인 시스템이라는 비판이 널리 받아들여졌다. 또 좌파들 가운데에서도 계획경제와 국가주의를 무조건 동일시하고 거부하는 목소리도 존재한다. 그러나 경제적 계획이 정치적 권위주의로 연결되는 것이 필연적인 것은 아니다. 정치적 민주주의와 결부된 계획은 그 한계를 넘어설 수 있다. 체가 명시적으로 발전시키지는 못했지만 그의 사회주의적 민주주의에 대한 전망과 반권위주의는 분명하다. 체는 새로운 사회주의적 윤리에 충실한 인간이 정치적 민주주의에 기반하고 계획을 통해 자본주의 시장의 한계를 넘어서는 사회주의를 꿈꾸었다.

체의 경제사상 특히 계획의 역할에 대한 강조는 신자유주의의 폐해가 세계를 휩쓸고 있는 현재의 우리에게 많은 시사를 준다. 계획을 스탈린주의의 폐해와 동일시하며 국가주의를 물신주의적으로 비판했던 신좌파들은 이제 신자유주의에 수렴되어버렸다. 계획경제를 다시 생각하는 일은 국가주의가 아니다. 그리고 관료제에 기반을 둔 권위적 독재와 계획이 반드시 함께 나타나는 것도 아니다. 누가 계획하는가라는 물음을 근본에서부터 제기하지 않았기 때문에 문제가 된 것이다. 구체성을 잃어버린 물신주의적 국가주의 비판, 계획경제 거부를 벗어나서 민중이 통제하는 생산수단의 사회화와 생산과 분배의 계획화를 고민해야 한다. 이것은 정치적으로 사회주의적 민주주의의 가능성을 생각하는 것과 함께 수행되어야 하는 과제다. 국가로부터 동떨어진 대중의 자생적 조직을 촉진하는 것을 넘어서서 국가의 토대 자체를 변화시키는 노력을 해야 한다.

자본주의적 가치를 넘어서는 삶의 방식

맑스와 엥겔스에 대한 전기적 소개인 이 책은 체 게바라의 이런 사회주의관을 우회적으로 보여준다. 그들의 삶과 자신의 삶을 비교하면서 실존적 차원에서 윤리적 삶과 사회주의의 미래를 위한 실천을 통일시키려 했던 체의 모습이 이 책에 담겨 있다. 그가 실존적 측면에 비중을 두고 맑스와 엥겔스를 소개하는 것은 개인적 동기에서만이 아니다. 희생과 헌신을 강조하고 모든 혁명가에게 물질적 보상을 바라지 않는 자발적 노동을 요구했던 체 게바라의 새로운 인간관이 맑스의 실존적 삶에 대한 관심의 근본 동기다. 체가 자신의 삶을 통해 보여주었던 자본주의적 가치를 넘어서는 삶의 방식을 우리가 온전히 실천할 수는 없더라도 이런 생활과 활동의 방식의 경험이 없다면 자본주의를 넘어서는 것은 가능하지 않을 것이다.

## 공부하는 혁명가
체 게바라가 쓴 맑스와 엥겔스

초판 1쇄 펴낸날 | 2013년 5월 30일

지은이 | 체 게바라
옮긴이 | 한형식
펴낸이 | 박재영
편집 | 강곤
디자인 | 나윤영

펴낸곳 | 도서출판 오월의봄
주소 | 413-841 경기도 파주시 탄현면 참매미길 194-9
등록 | 제406-2010-000111호
전화 | 070-7704-2131 · 팩스 | 0505-300-0518
이메일 | navisdream@naver.com
트위터 | @oohbom · 블로그 | blog.naver.com/maybook05

ISBN 978-89-97889-22-8  03300

이 책은 저작권법에 따라 보호받는 저작물이므로 무단전재와 복제를 금합니다.
이 책 내용의 전부 또는 일부를 이용하려면 반드시 저작권자와 도서출판 오월의봄에게
서면 동의를 받아야 합니다.

*책값은 뒤표지에 있습니다. 잘못된 책은 바꾸어 드립니다.